„*Die ganze Weltgeschichte ist ein ewig wiederholter Kampf der Herrschsucht und Freiheit.*"

\- Friedrich Schiller -

5. Auflage

München, Januar 2021

Der Kontexter

Bedeutung entsteht im Zusammenhang

Impressum

Bibliografische Information der Deutschen Nationalbibliothek: Die Deutsche Nationalbibliothek verzeichnet diese Publikation in der Deutschen Nationalbibliografie; detaillierte bibliografische Daten sind im Internet über dnb.dnb.de abrufbar.

© 2021 Dirk Heinen
Herstellung und Verlag: BoD – Books on Demand, Norderstedt
ISBN: 978-3-7534-0203-1

Vorwort

Die Meinungen und Urteile die wir uns bilden hängen wesentlich davon ab, welche Informationen uns in welchem Zusammenhang erreichen. Wer das kontrolliert, hat Macht. Es ist Zeit sich diese Macht zurückzuholen.

Mit diesem Credo startete ich als Autor und Herausgeber im April 2015 den Blog www.derkontexter.com. Bis zum Ende desselben Jahres besuchten über 60.000 Interessierte aus 119 Ländern diese Seite – mit einem Artikel schaffte es *Der Kontexter* sogar auf Platz 1 der deutschen Blogcharts von bloggerei.de im Bereich Politik.

Artikel oder Links wurden von einer Reihe alternativer Nachrichtenformate übernommen, darunter etwa: Mmnews, Neopresse, Cashkurs, Kopp online. Formate, die beim Leser jetzt möglicherweise schon den Verschwörungstheoriereflex auslösen. Mich treibt – ungeachtet davon – an, den Dingen offen und ganzheitlich zu begegnen, sie so zu erfassen und zu verstehen. Auch wenn die einzelnen Beiträge in diesem Buch zusammengefasst sind in den Rubriken Politik, Wirtschaft und Leben, konnte ich sie doch alle nur schreiben, weil sie in meiner Wahrnehmung in einem großen Gesamtzusammenhang stehen.

Wie jeder Mensch und Autor entwickle auch ich mich weiter und so mag es sein, dass ich das ein oder andere von dem was und wie ich geschrieben habe, in Zukunft nicht mehr so schreiben würde. Das gestehe ich mir aber auch jedem anderen zu. Denn nur so funktioniert Debatte und nur so wird sie fruchtbar im Sinne echter Meinungs- und Konsensbildung. Wenn sich niemand mehr traut seine Sicht zu äußern oder gar noch zu bilden und wenn wir uns nicht eingestehen, dass wir durch überzeugende Argumente diese Sicht auch ändern dürfen, dann haben wir ein wertvolles Stück Freiheit aufgegeben.

Verstehen sie also dieses Buch und das Projekt eines politischen Blogs im Jahr 2015 auch als einen Beitrag gegen die unsägliche politische Korrektheit, die unsere Sprache zunehmend vergiftet, unser Denken einschränkt und lenkt, Selbstzensur bewirkt und damit das Potential hat eine Gesellschaft in eine totalitäre, erzieherische Meinungs- und Gesinnungsdiktatur zu führen, die selbst ein George Orwell nicht düsterer hätte voraussehen können.

Nichtsdestotrotz wünsche ich nun Freude beim Lesen und dass sie auch jenen Gesamtzusammenhang erkennen werden.

Inhaltsverzeichnis

Politik

SPIEGEL: Es kommen härtere Jahre

April 2015

Mit dieser Überschrift startete der SPIEGEL in seiner Ausgabe Nr. 12 / 2015 seine vierteilige Reihe zur Zukunft Deutschlands im Jahre 2030. Sozusagen die große Agenda, die unsere zaudernden und in Legislaturperioden Denken gefangenen Politiker nicht Willens zu formulieren sind.

Das vorweggenommene Fazit dieser Reihe "Es kommen härtere Jahre" gibt allerdings einen Hinweis darauf, dass es in den folgenden Artikeln nur mehr um das "wie" und nicht mehr um das grundsätzliche "ob" gehen dürfte. Besonders auffallend an diesem Auftaktartikel ist die Bildersprache, die diese Botschaft in einer Weise unterstützt und transportiert, wie man es bis vor kurzem nur aus der Bild-Zeitung kannte. Vielleicht schon die Handschrift des ehemaligen Bild- und jetzigen SPIEGEL-Redakteurs Nikolaus Blome?

Die härteren Jahre jedenfalls, so diese Botschaft, sind ein unabwendbares und schmerzhaftes Schicksal, und das politische Handeln ist dazu verdammt sich diesen Realitäten zu unterwerfen. Mit dem Eintritt der sogenannten Babyboomer ins Rentenalter ab dem Jahr 2030 lässt sich zudem der Zeitpunkt vorherbestimmten, zu dem der berühmte Gürtel nochmal um ein ordentliches Stück enger geschnallt werden muss. Was im Einzelnen zu tun ist erklärt uns und den deutschen Politikern ab sofort der SPIEGEL.

Zu erwartender Maßnahmenkatalog: Ausweitung der frühkindlichen Betreuung, um die Arbeitsleistung der Frauen in die Finanzierung der anstehenden Aufgaben mit einbeziehen zu können; Fachkräftezuwanderung, um den Schwund durch Demografie und

Bildungsnotstand zu kompensieren; Rentenkürzungen auch über späteres Eintrittsalter; weitere Absenkung der Garantieverzinsung der über 90 (!) Millionen Lebensversicherungen (in diesen Portfolios liegen übrigens die ganzen Staatsanleihen); Erhöhung von Steuern, Sozialbeiträgen und allen Abgaben die auf wertschöpfende Arbeit erhoben werden; usw.

Eher nicht zu erwarten ist grundsätzliche Systemkritik oder auch nur das Hinterfragen der extremen und weiter wachsenden Ungleichverteilung von Vermögen und Einkommen. Das Thema ist ja auch zu ernst für alte Neiddebatten oder krude Verschwörungstheorien.

Tsipras bei Putin

April 2015

Wer am 08.04.2015 die Tagesschau gesehen hat dem ist vielleicht nicht aufgefallen, dass in der Berichterstattung zu diesem Besuch Wesentliches gefehlt hat: Im Boden unter griechischen Hoheitsgewässern befindet sich wahrscheinlich Gas. Das berichtete das Handelsblatt bereits am 28.08.2014. Der griechische Staat ist wohl nicht so pleite wie dem immer wieder erwecktem Anschein nach.

Das weiß natürlich auch die Troika, die es mit ihrer Austeritäts- und Privatisierungsagenda sicher auch auf dieses Vermögen abgesehen hat. Vermutlich ging es in den Gesprächen zwischen Tsipras und Putin auch darum, wie Griechenland mit russischer Hilfe diese Bodenschätze heben und so vermarkten kann, dass die Griechen auch davon profitieren.

Diese Politik ist dem angelsächsischen Imperium (und hier ist nicht das amerikanische oder britisch Volk gemeint) natürlich ein Dorn im Auge. Wirtschaftliche und politische Kooperation zwischen Europa und Russland ist die rote Linie, die nicht überschritten werden darf. Wer nicht versteht, was damit gemeint ist, der sollte sich die jüngste Rede von Herrn Friedmann, dem CEO des amerikanischen Thinktanks (d.h. Vordenker bzw. Anweiser amerikanischer Außenpolitik) Stratfor auf YouTube ansehen. Dieser Mann sagt unmissverständlich, dass es mindestens seit einem Jahrhundert strategische Vorgabe des Imperiums ist zu verhindern, dass ein wirtschaftliches Bündnis vor Allem zwischen "deutscher Technik" und "russischen Bodenschätzen" entsteht. Mit anderen Worten: eine eurasische Großmacht.

Man kann zu Recht vieles kritisieren, was in Russland geschieht. Trotzdem nicht übersehen: Geopolitik ist leider keine Frage von Demokratie oder Menschenrechten, sondern von Schürfrechten.

Putins Trolle

April 2015

In den ARD Tagesthemen vom 14.04.2015 präsentierte Anchorman Thomas Roth den braven GEZ-Zahlern einen Enthüllungscoup: Putin zieht jetzt alle Register im Kampf um die Meinungsbildung im Netz. So berichtet in dem Beitrag der "Whistleblower" und hauptberufliche Erdkundelehrer Marat Burkhard darüber, wie er im Auftrag des Kremel, in unmenschlichen Schichten von 12 Stunden und auch noch gegen Barzahlung (auch immer ganz böse) in russischen Foren Streitgespräche fingiert. In diesen Fakes einigen sich die von ihm simulierten Onlinediskutanten schließlich auf die Kremellinie als einzig vernünftigen Kompromiss. So musste er etwa schon behaupten, dass Putin in der deutschen Bevölkerung gar nicht so unbeliebt ist und die deutsche Kanzlerin Merkel an Zuspruch verliert.

Als sogenannter Troll verdient Auftragsblogger Burkhard aufgrund mangelnder Sprachkenntnisse nicht so gut wie seine mehrsprachigen Kollegen, die auf der ganzen Welt diese ungeheure Propaganda verbreiteten müssen. Mittlerweile, so erfährt der Tagesthemenseher weiter, hat er den Job geschmissen, weil es ihm vorkam, als arbeite er für „Orwells Ministerium für Wahrheit".

Wer jetzt also mal irgendetwas Kritisches zur Tagespolitik a la ARD und ZDF in die Finger bekommt, der darf beruhigt sein: alles ist gut, waren nur Putins Trolle. Was in diesem Blog zu lesen ist, dass kommt auch direkt aus dem Kremel – lässt sich jetzt ja nicht mehr leugnen.

Nach dieser skurrilen Nummer folgte dann noch ein Beitrag über Ursula von der Leyen vom Ministerium für

Liebe, die den baltischen Staaten die Solidarität der NATO gegen den bösen Iwan versichert hat. Fazit: GEZ-Beiträge dringend überdenken!

Hillary for President! Na und?

April 2015

Nun ist es endlich offiziell: Hillary Clinton geht als Kandidatin der Demokraten ins Rennen um die Wahl des nächsten Präsidenten der Vereinigten Staaten. Alles ist möglich: ein Schwarzer, eine Frau, also: was wollen wir eigentlich?

Politiker sollte man nicht danach bewerten, welche Hautfarbe sie haben oder von welchem Geschlecht sie sind, sondern was sie inhaltlich machen oder eben nicht machen. Obama hatte einen tollen Anfang: Guantanamo schließen, Aussöhnung mit der muslimischen Welt, Krankenversicherung für Alle. Und wo stehen wir heute?

Wer weiß, dass der Wahlkampf in den USA Milliarden kostet der weiß auch: wer zahlt schafft an! Und wer als Präsident aus der Reihe tanzt, der kriegt eine Kugel in den Kopf oder z.B. eine unangenehme Affäre mit einer Praktikantin. Es ist also völlig Wurst wer Obama nachfolgt. Die Richtung geben andere vor. Traurig aber wahr.

Die RAF und ihre Motive

Die Rote Armee Fraktion war ursprünglich wohl eine extremistische Abspaltung der Studentenproteste Ende der 60er Jahre in Deutschland. Die sogenannte erste Generation um Andreas Baader und Ulrike Meinhof hielt Gewalt für ein legitimes Mittel im Kampf gegen den amerikanischen Imperialismus und Kapitalismus. Die Brandanschläge gegen den Springerverlag und das KaDeWe führten nur zu Sachbeschädigungen. Mit der Ermordung des damaligen Dresdner Bank Chefs Ponto wurden die RAF-Kämpfer schließlich zu Mördern. Der harte Kern dieser ersten Generation wurde gefasst und in Stuttgart Stammheim in Isolationshaft gesteckt.

Die zweite Generation der RAF erscheint gegenüber der ersten schon diffuser. Die Entführung von Daimler-Vorstand und Arbeitgeberpräsident Schleyer und in Folge der Lufthansa Maschine Landshut zielte auf die Freipressung der Inhaftierten in Stammheim. Auffällig neu bei diesen Aktionen war die Kooperation mit palästinensischen Terrorristen und Helfern und militärischen Ausbildern im Jemen. All das deutet schon auf eine Veränderung der RAF-Strukturen und man kann sich fragen, ob solche Vernetzungen auch ohne fremde Hilfe entstanden wären. Die Ermordung von Generalbundesanwalt Buback, die auch auf das Konto dieser zweiten Generation gebucht wird, ist bis heute nicht aufgeklärt.

Genauso ungeklärt sind die Morde der dritten Generation der RAF Mitte der 80er bis Anfang der 90er Jahre. Auch wenn immer die Bekennerschreiber mit dem berühmten Symbol aus Stern und Maschinenpistole (Modell Heckler & Koch!) den Anschlägen folgten bleiben die Motive der RAF am Mord von Deutsche

Bank Chef Alfred Herrhausen oder Treuhandchef Detlev Karsten Rohwedder rätselhaft. Wer sich etwa die Vorträge von Daniele Ganser über Staatsterrorismus und die NATO-Geheimarmee Gladio ansieht und erfährt, dass in Italien eine Reihe von Anschlägen in den frühen 80er Jahren unter der "falschen Flagge" der "Roten Brigaden" verübt wurden, dem drängen sich Fragen auf: wer war die dritte Generation RAF wirklich? Wurden hier unbequeme Personen von Profis unter der Überschrift "RAF" beseitigt?

Der Bombenanschlag auf Herrhausen war ebenso professionell wie der gezielte Schuss auf Rohwedder. Wenn eine dritte Generation RAF den Kampf gegen das Imperium in den 80er Jahren ernst genommen hätte, dann hätte es sicher andere Ziele gegeben. Herrhausen hatte sich wiederholt und auch kurz vor seinem Tod noch dafür eingesetzt, den Ländern der Dritten Welt einen Teil ihrer erdrückenden Schulden zu erlassen. Rohwedder wurde auf den ausdrücklichen Wunsch von Kanzler Kohl Chef bei der treuhänderischen Verwaltung des DDR-Staatsvermögens. Immer wieder wurde ihm von bestimmten Seiten vorgeworfen, er handle zu zögerlich bei der Privatisierung des Vermögens und würde ausländische Investoren blockieren. Mögen die Staatsbetriebe der DDR auch noch so marode gewesen sein, Grund und Boden, Immobilien und Bodenschätzen hatten und haben natürlich einen Wert.

Die RAF gehört zur deutschen Geschichte. Dass Geheimdienste solche Gruppierungen unterwandern und auch instrumentalisieren ist sehr wahrscheinlich. Im Fall NSU deutet auch Manches darauf hin. Beweise dafür wird es vielleicht trotzdem nie geben.

Regime-Change in der Ukraine: Wo sind die Dutschkes von heute?

April 2015

In Anbetracht der Ereignisse in der Ukraine muss man sich schon fragen: wo sind die Studenten? Schließlich ist heute noch genauso brisant, wofür schon vor über 40 Jahren die "68er" auf die Straße gingen.

Die Unruhen damals entzündeten sich am Staatsbesuch von Schah Reza Pahlavi, der im Iran von der CIA an die Macht geputscht wurde. Die demokratisch gewählte Vorgängerregierung Mossadegh hatte die Absicht, das iranische Volk an den Erträgen aus der Förderung der Bodenschätze der britischen Kolonie Iran zu beteiligen. Hier war die rote Linie überschritten.

Menschen wie Rudi Dutschke erhoben das Wort gegen diesen Imperialismus und seine Generation wachte auf und leistete Widerstand. Wo sind die Dutschkes von heute, die gegen die Putschregierung Jazenjuk in der Ukraine auf die Straße gehen? Auf die von Steinmeier, Hollande und Janukowytsch verhandelten Neuwahlen für die Ukraine hatten die Imperialisten aus Washington nur diese Antwort: Fuck the EU! Dieses Zitat aus einem abgehörten Telefonat zwischen der amerikanischen Eurasien Beauftragten Nuland und dem amerikanischen Botschafter in Kiew ist berühmt geworden. Weniger bekannt ist, dass im selben Gespräch Einigkeit darüber bekundet wurde, dass "Jaz" also Jazenjuk "unser Mann ist". Nur Stunden nach der europäischen diplomatischen Initiative vielen die Schüsse auf dem Majdan und die Regierung Jazenjuk putschte sich ins Amt. Für Klitschko blieb der Posten des Bürgermeisters.

Wer mehr Fakten zur Putschbehauptung möchte, kann sich zur Vita von Jazenjuk und anderen

Regierungsmitglieder wie z.B. der neuen ukrainischen Finanzministerin Jaresko informieren. Das Programm, das seither läuft ist Standard: Privatisierungen, Kredite vom IWF, NATO-Anbindung. Im Fall Iran waren die russischen Interessen noch überschaubar. In der Ukraine geht es um mehr. Russland hat auf der Krim einen strategischen Hafen, weil eisfrei und mit Zugang zum Mittelmeer (neben Syrien). Die Mehrheit der Bevölkerung auf der Krim und in der Ostukraine ist russisch.

Wenn wir den Frieden wollen, dann müssen wir diese Interessen respektieren und dürfen nicht akzeptieren, dass die paar Mutigen die das öffentlich so auch sagen als Putinversteher diffamiert werden.

Verbündete Untertanen

April 2015

Zu Gast bei Illner am 09.04.2015 war Ben Hodges, Oberbefehlshaber der amerikanischen Streitkräfte in Europa. Wie klingt das? Schon irgendwie komisch, aber doch vertraut? Es sind ja schließlich unsere Verbündeten.

Vielleicht hilft hier ein kleiner Exkurs in den Außenhandel für die eigene Positionsbestimmung. Die Grundfrage ist hier: Tausche ich meine Exportgüter gegen Importgüter wie z.B. russisches Gas, oder gegen grüne Zettel mit einem Dollar-Symbol? Tausche ich meine Exportgüter gegen eine Währung die von der Fed über QE 1, 2, 3, … inflationiert wird, eine Währung die nur noch durch das korrupte und erpresserische Petro-Dollar-Konstrukt am Leben gehalten wird?

Offensichtlich tun wir Letzteres. So schließen wir dann auch die Versorgungslücke, die sich mit unserem aktuellen Konzept zur Energiewende auftut (Quelle: YouTube/Hans Werner Sinn, "Energiewende ins Nichts"), nicht mit Energieimporten aus dem Osten sondern erlauben unseren Verbündeten im Westen, das Schiefergas in der norddeutschen Tiefebene mit übelsten Verfahren aus dem Gestein zu sprengen. Genau das hat gerade erst Umweltministerin Hendricks ab genickt – natürlich unter strengen Auflagen und erst einmal nicht zur kommerziellen Nutzung.

Wer so Außenhandel treibt ist entweder ein Idiot oder er ist Untertan, der tut was ihm sein Herr befiehlt. Wie klingt jetzt der Titel "Oberbefehlshaber der amerikanischen Streitkräfte in Europa"?

Die Angst der Reichen

April 2015

Am 01.05.2015 feiern die Wiener das 150-jährige Jubiläum ihrer Ringstraße. 1865 eröffnete Kaiser Franz Joseph diesen Boulevard voller Monumente, Sehenswürdigkeiten und Parks, der heute zum Weltkulturerbe "Wiener Altstadt" gehört.

Weniger bekannt als Kunsthistorisches Museum oder Staatsoper ist eine architektonische Besonderheit dieser Straße: sie wurde so gestaltet, dass man im Falle eines Volksaufstandes besonders gut auf die Menschen auf dieser Straße hätte schießen können. Das ist keine Spinnerei von Verschwörungstheoretikern, sondern offensichtlich anerkannte Kulturgeschichte (Beitrag in 3sat Kulturzeit vom 20.04.2015).

Nun könnte man sagen, dass es sich hier um ein Relikt aus einer längst überwundenen feudalen Gesellschaftsordnung handelt. Die feudalistischen Strukturen sind zwar verschwunden, dennoch: wie schon damals haben auch heute die Reichen und Mächtigen Angst vorm Volk und ziehen alle Register, um die Massen in Schach zu halten. So sind beispielsweise in den USA heute schon Notverordnungen (Executive Orders; z.B. Order 10995) in der Schublade, die im nationalen Katastrophenfall in Kraft treten und es in sich haben: Zwangsenteignungen, Beschlagnahme aller Kommunikationsmedien, Einzug der gesamten US-Bevölkerung in Arbeitsgruppen, wenn nötig unter Teilung der Familien, etc. Es besteht der Verdacht, dass die dem Heimatschutzministerium unterstellte FEMA (Federal Emergency Management Agency) bereits im ganzen Land entsprechende Internierungslager eingerichtet hat. Das US-Heimatschutzministerium selbst hat über 1 Milliarde

Schuss Holspitzmunition gebunkert (bei etwas mehr als 300 Millionen Bürgern!). Eine Munition, die besonders effektiv tötet, weil sie im Körper in viele kleine Splitter zerbricht und damit in der Regel tödliche Verletzungen verursacht. Nicht einmal die Polizei verschießt diese Projektile.

Ob nun ein Terroranschlag, der große Finanzkollaps oder eine Pandemie den nationalen Katastrophenfall auslösen werden: die "Sicherheitskräfte" werden dann ihre Befehle auf "rechtlicher Grundlage" ausführen und so die Machthaber vor ihrem Volk schützen. Die deutschen Wirtschaftsnachrichten berichteten am 21.04.2015, dass die US-Armee zwischen Juli und September diesen Jahres im Rahmen der Übung "Jade Helm 15″ die Eroberung des Bundesstaates Texas simulieren will – eine Vorbereitung auf einen Bürgerkrieg in den USA?

Die systemimmanente Ultraverreichung an der Spitze und die zunehmende Verelendung breiter Bevölkerungsschichten befeuern das aufständische Potential heute wie damals. Als die Ostdeutschen 1989 in Leipzig auf die Straße gingen und "Wir sind das Volk" skandierten, fielen keine Schüsse. Was fiel, waren die zu Diktaturen verkommenen sozialistischen und kommunistischen Regime. Es ist zu befürchten, dass das internationale kapitalistische Regime abdrücken wird.

Verfassungsschutz im Zwielicht – jetzt auch im Mainstream

April 2015

Am 20.04.2015 lief in der 3sat-Sendung Kulturzeit ein Beitrag über die Rolle von V-Männern in der rechtsextremen Szene und bei den sogenannten NSU-Morden. Ein ehemaliger Verfassungsschützer hinterfragt (vom schlechten Gewissen geplagt) im Interview mit Kulturzeit seine eigene Rolle beim Aufbau und in der Führung der rechtsextremen Szene. Grund genug die Geschichte der RAF und insbesondere die bis heute ungeklärten Morde der sogenannten dritten Generation noch einmal im Lichte der Verflechtungen von Geheimdiensten und extremistischen Szenen darzustellen.

Jetzt also noch einmal ein älterer Beitrag über die RAF und ihre Motive:

Die Rote Armee Fraktion war ursprünglich wohl eine extremistische Abspaltung der Studentenproteste Ende der 60er Jahre in Deutschland. Die sogenannte erste Generation um Andreas Baader und Ulrike Meinhof hielt Gewalt für ein legitimes Mittel im Kampf gegen den amerikanischen Imperialismus und Kapitalismus. Die Brandanschläge gegen den Springerverlag und das KaDeWe führten nur zu Sachbeschädigungen. Mit der Ermordung des damaligen Dresdner Bank Chefs Ponto wurden die RAF-Kämpfer schließlich zu Mördern. Der harte Kern dieser ersten Generation wurde gefasst und in Stuttgart Stammheim in Isolationshaft gesteckt.

Die zweite Generation der RAF erscheint gegenüber der ersten schon diffuser. Die Entführung von Daimler-Vorstand und Arbeitgeberpräsident Schleyer und in Folge der Lufthansa Maschine Landshut zielte auf die

Freipressung der Inhaftierten in Stammheim. Auffällig neu bei diesen Aktionen war die Kooperation mit palästinensischen Terrorristen und Helfern und militärischen Ausbildern im Jemen. All das deutet schon auf eine Veränderung der RAF-Strukturen und man kann sich fragen, ob solche Vernetzungen auch ohne fremde Hilfe entstanden wären. Die Ermordung von Generalbundesanwalt Buback, die auch auf das Konto dieser zweiten Generation gebucht wird, ist bis heute nicht aufgeklärt.

Genauso ungeklärt sind die Morde der dritten Generation der RAF Mitte der 80er bis Anfang der 90er Jahre. Auch wenn immer die Bekennerschreiber mit dem berühmten Symbol aus Stern und Maschinenpistole (Modell Heckler & Koch!) den Anschlägen folgten bleiben die Motive der RAF am Mord von Deutsche Bank Chef Alfred Herrhausen oder Treuhandchef Detlev Karsten Rohwedder rätselhaft. Wer sich etwa die Vorträge von Daniele Ganser über Staatsterrorismus und die NATO-Geheimarmee Gladio ansieht und erfährt, dass in Italien eine Reihe von Anschlägen in den frühen 80er Jahren unter der "falschen Flagge" der "Roten Brigaden" verübt wurden, dem drängen sich Fragen auf: wer war die dritte Generation RAF wirklich? Wurden hier unbequeme Personen von Profis unter der Überschrift "RAF" beseitigt?

Der Bombenanschlag auf Herrhausen war ebenso professionell wie der gezielte Schuss auf Rohwedder. Wenn eine dritte Generation RAF den Kampf gegen das Imperium in den 80er Jahren ernst genommen hätte, dann hätte es sicher andere Ziele gegeben. Herrhausen hatte sich wiederholt und auch kurz vor seinem Tod noch dafür eingesetzt, den Ländern der Dritten Welt einen Teil ihrer erdrückenden Schulden zu erlassen. Rohwedder wurde auf den ausdrücklichen Wunsch von Kanzler

Kohl Chef bei der treuhänderischen Verwaltung des DDR-Staatsvermögens. Immer wieder wurde ihm von bestimmten Seiten vorgeworfen, er handle zu zögerlich bei der Privatisierung des Vermögens und würde ausländische Investoren blockieren. Mögen die Staatsbetriebe der DDR auch noch so marode gewesen sein, Grund und Boden, Immobilien und Bodenschätzen hatten und haben natürlich einen Wert.

Die RAF gehört zur deutschen Geschichte. Dass Geheimdienste solche Gruppierungen unterwandern und auch instrumentalisieren ist sehr wahrscheinlich. Im Fall NSU deutet auch Manches darauf hin. Beweise dafür wird es vielleicht trotzdem nie geben.

Helmut Schmidt bei Maischberger

Warum Helmut Schmidt laut Umfragen immer noch der beliebteste Bundeskanzler der Deutschen ist, dass konnte man in der Sendung "Menschen bei Maischberger" vom 28.04.2015 wieder einmal erleben. Trotz wiederholter, ja beinahe aufdringlicher Versuche von Maischberger, das russische Verhalten in der jüngsten Ukrainekrise doch bitte zu verurteilen, gibt sich Schmidt als Putinversteher. Und noch mehr: Das Streben der EU nach einer Assoziierung der Ukraine urteilt er als Unfug ab, die Abschaffung der Wehrpflicht kommentiert er als Werk eines Politikers, der nicht wusste was er tat. Dass Maischberger Schmidt dann auch noch mit Vorwürfen konfrontiert, er sein als junger Soldat überzeugter Anhänger der nationalsozialistischen Ideologie gewesen ist genauso deplatziert wie die implizite Aufforderung zur Distanzierung alter Aussagen Schmidts, wonach Jefferson und Kennedy für ihn politische Vorbilder seien. Was soll das? Natürlich darf man Schmidt und vor allem sein politisches Wirken kritisch hinterfragen; es gehört sich aber dies mit dem gegebenen Respekt vor einem 96-jährigen Menschen zu tun. Nun also der Versuch einer respektvollen kritischen Auseinandersetzung.

In der jüngsten Presse taucht der beliebte Altkanzler mit seinem politisch eher unwichtigen Bekenntnis zu einer alten Affäre auf. Interessanter ist die Frage wie treu er dem deutschen Volk war. Seiner Frau Loki mag er das Ja-Wort gegeben haben, dem deutschen Volk hat er mit seinem Amtseid immerhin die Treue geschworen. Diese Frage stellt sich vor dem Hintergrund, dass Schmidt derjenige deutsche Kanzler gewesen sein dürfte, der der Macht am nächsten gekommen ist. Darauf deutet zumindest eine Reihe von Kontakten in sehr exklusive Kreise: Schmidt war mehrfach Teilnehmer der Bilderberg-Konferenz, ist Mitglied in Rockefellers Council on Foreign Relations, war sogar Gast im okkulten Sommercamp Bohemien Grove in den Redwoods Nordkaliforniens und nennt Henry Kissinger einen Freund. Dass Steinbrück 2011 in St Moritz von den Bilderbergern als Kanzlerkandidat der SPD ab genickt wurde hat sicher auch mit Schmidts Kontakten in diese Kreise zu tun. Wir erinnern uns an das berühmte Foto vom Schachspiel zwischen Schmidt und Steinbrück, nach der offiziellen Ernennung Steinbrücks zum Kandidaten (und den Umstand, dass das Schachbrett falsch ausgerichtet war …).

Trotzdem war und ist Schmidt kein Statthalter Deutschlands, sondern hat als aktiver Politiker und auch als Unruheständler erkennen lassen, dass er sich seinem Amtseid, Schaden vom Deutschen Volke abzuwenden, verpflichtet fühlte. Als Verteidigungsminister stoppte er die von der NATO bzw. von Washington geplante Stationierung sogenannter "Mini-Nukes" (das sind Atomminen die den Vormarsch der Roten Armee mit ihren Panzerdivisionen stoppen sollten) in der norddeutschen Tiefebene und im "Fulda Gap". Er erkannte die Gefahr, dass Deutschland so zum Schlachtfeld eines atomaren Krieges der Supermächte vorbereitet werden sollte. Warum er dann Anfang der 80er Jahre den NATO-Doppelbeschluss nicht genauso entschlossen zu verhindern versuchte, sondern sogar gegen den Wiederstand aus seiner Partei durchsetzen wollte bleibt allerdings rätselhaft. Die Stationierung atomarer Mittelstreckenraketen auf deutschem Territorium war die Vorbereitung eines "Enthauptungsschlags" auf die militärische Führung der Sowjetunion. Strategen der Falkenfraktion, wie Brzeziński (heute außenpolitischer Berater der Obama-

Administration), glaubten an die Option, den Gegner über einen begrenzten Atomkrieg bezwingen zu können. Die Idee war, der sowjetischen Militärführung durch einen atomaren Blitzangriff auf zentrale Kommandostellen die Möglichkeit zur Reaktion zu nehmen. Das war mit der Flugzeit von Interkontinentalraketen nicht zu machen. Es ist offensichtlich welche Bedrohung diese Stationierung für Moskau bedeutete. Niemand weiß das seit der Kuba-Krise besser als die Amerikaner selbst. Auch in diesem strategischen Schachspiel war Deutschland die Dame (oder auch nur ein Bauer), die man im äußersten Fall geopfert hätte.

Helmut Schmidt hat sich immer wieder vernünftig zu internationaler Politik und internationalem Handel geäußert. Er gehört zu den wenigen Politikern die verstanden haben, dass die globale Außenhandelsbilanz natürlich immer ausgeglichen ist und das der Titel "Exportweltmeister", so er durch ständige Überschüsse zustande gekommen ist, nur der Volksverblödung dient. Die Auslandsforderungen (d.h. die Überschüsse) des Einen sind immer die Auslandsschulden des Anderen. So einfach ist das. Er vertrat nach dem Ende des kalten Krieges auch immer wieder die Meinung, dass stabilere und friedlichere Verhältnisse in einer multipolaren Welt zu erreichen seien, ganz im Gegensatz zu einer neuen Weltordnung unter der Herrschaft der angelsächsischen Billionärselite. Interessanterweise äußerte sich jüngst sein Freund Kissinger in einem SPIEGEL Online Interview ähnlich in dem er eingestand, dass man langfristig wohl doch die nationale Souveränität etwa von China in einer neuen Weltordnung respektieren müsse. Ob das nun die sprichwörtliche Milde und Weisheit des Alters waren die aus Kissinger sprachen?

Schmidt war nach Meinung der Mehrheit der Deutschen

ein guter Politiker und Kanzler. Er hat sich als Krisenmanager während der Hamburger Jahrhundertflut oder auch im "deutschen Herbst" des RAF-Terrors zu Recht viel Respekt erworben. Die Kontakte in die genannten elitären Kreise erklären sich am ehesten durch seinen Scharfsinn. Es war schlicht nicht möglich ihn in seiner Funktion nicht in gewisse Pläne einzuweihen. Für einen reinen Kanzlerdarsteller, eine Marionette der Macht, war und ist er zu intelligent. Sein größtes Geheimnis bleibt schließlich, wie man als Kettenraucher 96 Jahre wird.

JFK

Am 27.04.1961 hielt US-Präsident John F. Kennedy im Waldorf-Astoria Hotel in New York eine ebenso bemerkenswerte wie bis heute weithin unbekannte Rede vor amerikanischen Zeitungsverlegern. Sie verrät uns viel über die geistige und moralische Grundhaltung des Mannes, der nur zwei Jahre später am 22.11.1963 in Dallas, Texas ermordet wurde. Was Kennedy aussprach könnte aktueller nicht sein:

"Das Wort „Geheimhaltung" muss in einer freien und offenen Gesellschaft Abneigung und Widerwillen auslösen. Wir stellen uns als Menschen von Natur aus und aus historischer Sicht gesehen allen Geheimbünden, geheimen Eiden und geheim ablaufenden Prozessen entgegen. Wir sind vor längerer Zeit zu der Überzeugung gelangt, dass die Gefahren der übertriebenen und unberechtigten Geheimhaltung von sachdienlichen Hinweisen die Gefahren weit mehr übertreffen, die durch ihre öffentliche Rechtfertigung entstehen. Es hat auch wenig Sinn zu glauben, dass man sich gegen die Bedrohung durch einen Geheimbund schützen kann, indem man seine willkürlichen Behinderungen nachahmt. Auch heute, macht es wenig Sinn, das Überleben unserer Nation zu sichern, indem wir unsere freiheitlichen Traditionen aufgeben. Es geht eine sehr ernste Gefahr von denen aus, die eine erhöhte Sicherheit fordern und danach streben, die Notwendigkeit von Freiheitsbeschränkungen durch amtliche Zensur und Geheimhaltung zu betonen. Ich beabsichtige nicht, dies zu ermöglichen, soweit es in meiner Macht steht. Und kein Beamter aus meiner Administration, egal wie hoch oder niedrig sein Rang ist, ob Zivilist oder Militär sollte heute Abend meine Worte hier als eine Entschuldigung deuten, um Nachrichten zu zensieren, Meinungsfreiheit zu ersticken, unsere Fehler zu decken oder Tatsachen vor der Presse oder der Öffentlichkeit, die es verdient, diese zu erfahren, zurückzuhalten. Wir stellen uns auf der ganzen Welt diesen in sich geschlossenen, unbarmherzigen Verschwörungen entgegen, die hauptsächlich mit verborgenen Mitteln versuchen ihren Einflussbereich zu erweitern – durch Unterwanderung statt durch offene Auseinandersetzung, durch Umsturz anstelle von demokratischen Wahlen, durch Einschüchterung anstelle von freier Auswahl, durch staatlichen Guerillakrieg bei Nacht und Nebel, anstelle eines Heeres am helllichten Tag. Es ist ein System, das gewaltige, menschliche und materielle Ressourcen in einem eng verbundenen Aufbau zu einer höchst effizienten Maschinerie kombiniert, in der Militär, Diplomatie, Intelligenz, Ökonomie, Wissenschaft und politische Operationen zusammengefasst sind. Diese Bestrebungen werden verborgen, nicht veröffentlicht. Gemachte Fehler werden gedeckt und tauchen nicht in den Schlagzeilen auf. Andersdenkende werden zum Schweigen gebracht, nicht gefördert. Es werden weder Mühen noch Kosten gescheut, damit keinerlei berechtigte Mutmaßung gedruckt, kein Geheimnis aufgedeckt wird. Dieses System betreibt einen kalten Krieg, mit einer Kriegsdisziplin, die weder Demokratie entstehen noch überhaupt erhoffen lässt.

Kein Präsident sollte allgemeine Untersuchungen seines Programms fürchten. Eine Untersuchung macht es verständlich; und aus dem Verständnis entwickelt sich Zustimmung oder Ablehnung. Und beides ist notwendig. Ich bitte die Presse nicht um Unterstützung dieser Administration, jedoch bitte ich die Presse um Unterstützung bei der enormen Aufgabe das amerikanische Volk zu informieren und zu alarmieren. Ich habe vollstes Vertrauen in der Verantwortung und dem Engagement unserer Bürger, wann immer sie vollkommen informiert sind. Wir haben die Absicht, volle Verantwortung für unsere Fehler zu übernehmen, und wir erwarten von Ihnen, dass Sie uns darauf hinweisen, wenn wir das versäumen. Ohne Debatte und Kritik können keine Regierung und kein Land erfolgreich sein, und keine Republik kann überleben. Deshalb verfügte der athenische Gesetzgeber Solan, dass es ein Verbrechen für jeden Bürger sei, vor Meinungsverschiedenheiten zurückzuweichen, und genau deshalb wurde unsere Presse durch den ersten Verfassungszusatz besonders geschützt. Die Pressefreiheit in Amerika wurde nicht durch einen speziellen Verfassungszusatz geschützt, um zu amüsieren und Leser zu gewinnen, nicht um das Triviale und Sentimentale zu fördern, nicht um dem Publikum immer das zu geben, was es gerade will, sondern um über Gefahren und Möglichkeiten zu informieren, um aufzurütteln und zu reflektieren, um unsere Krisen festzustellen und unsere Chancen anzuzeigen, manchmal sogar die öffentliche Meinung zu führen, zu formen, zu bilden und herauszufordern. Das bedeutet mehr Berichte und Analysen von internationalen Ereignissen, denn das alles ist heute nicht mehr weit weg, sondern ganz in der Nähe und zu Hause. Das bedeutet mehr Aufmerksamkeit und besseres Verständnis der Nachrichten sowie verbesserte Berichterstattung, und es bedeutet schließlich, dass die Regierung auf allen Ebenen ihre Verpflichtung erfüllen muss, Sie mit unzensierten Information außerhalb der engen Grenzen der Staatssicherheit zu versorgen. Ohne Debatten, ohne Kritik, könnte keine Administration und kein Land erfolgreich sein – und keine Republik kann überleben. Und das ist der Grund, warum der Athener Gesetzesgeber Solon es als ein Verbrechen für jeden Bürger ansah, vor Auseinandersetzungen zurückzuschrecken. Und das ist der Grund, warum unsere Medien durch die erste Gesetzesänderung geschützt wurden. Nicht in erster Linie, um zu belustigen und zu unterhalten, nicht um geistlos banales und sentimentales Zeug hervorzuheben, nicht einfach nach dem Motto „gib der Öffentlichkeit, was sie wünscht", sondern um zu informieren, um Aufmerksamkeit zu erregen, um zu hinterfragen, um unsere Gefahren und unsere Gelegenheiten beim Namen zu nennen, unsere Krisen und Möglichkeiten aufzuzeigen, um zu führen, zu formen, eine öffentliche Meinung zu bilden und manchmal sogar diese zu verärgern.

Und so liegt es bei den Zeitungsverlagen, das Handeln der Menschen aufzuzeichnen, als Wächter ihres Gewissens und Bote ihrer Nachrichten – dass wir nach Stärke und Unterstützung suchen, überzeugt davon, dass durch Ihre Unterstützung der Mensch das sein wird, wozu er geboren wurde: Frei zu sein und unabhängig."

9/11

Für die einen sind die Terroranschläge vom 11.09.2001 das Menetekel dessen, was der Politikwissenschaftler und ehemalige Berater des US-Außenministeriums Samuel Huntington in seinem Buch "The Clash of Civilizations" 1996 und bereits in Grundzügen 1993 in "Foreign Affairs" veröffentlichte, der Zeitschrift des "Council on Foreign Relations". Für andere ist 9/11 die moderne "Mutter aller Lügen" und eine Operation unter falscher Flagge. Die in Angst und Schrecken versetzten Massen sollten für den "Kampf gegen den Terror" mobilisiert werden, der in Wahrheit ein Programm zur Ausweitung der imperialen Macht und zur Kontrolle der eigenen Bevölkerung sei.

In der Tat gibt es eine Reihe von Merkwürdigkeiten rund um die Anschläge von New York und Washington. Es gibt Hinweise von Mitarbeitern der Luftraumüberwachung NORAD, dass am selben Tag in dem betreffenden Luftraum eine Übung stattfand, in der Anschläge mit entführten Passagiermaschinen simuliert wurden. Auch wurden nur wenige Stunden nach den Anschlägen bereits angebliche Beweise für einen islamistisch motivierten Terror präsentiert. So wurde etwa der Pass des mutmaßlichen Attentäters Satam al-Suqami nur wenige Straßen entfernt vom Anschlagsort World Trade Center (WTC) gefunden. Oder das Gepäckstück eines weiteren vermutlichen Attentäters, Mohammed Atta: Es blieb am Flughafen Boston liegen, weil es angeblich nicht rechtzeitig umgeladen wurde. Der Inhalt lieferte alles, was ins Bild passte: Flugvideos, eine Pilotenuniform und ein ausführliches Bekennerschreiben. Aber warum hätte Atta all das mit an Bord der Maschine nehmen wollen, die er dann in den

Nordturm des WTC steuerte? Und schließlich noch die Fernsehpanne der BBC, die den Einsturz von Gebäude WTC 7 meldete, rund 25 Minuten bevor es tatsächlich einstürzte.

In den vergangenen bald 14 Jahren haben unzählige sogenannte "Truther", Menschen die sich mit den Ergebnissen des 9/11 Comission Reports zur Aufklärung der Ereignisse nicht zufrieden geben wollten, viel Energie in die eigene Aufklärungsarbeit gesteckt. Das Internet ist voll mit Text- und Bildmaterial und den unterschiedlichsten Theorien darüber, was am 11.09.2001 wirklich geschah. Mindestens genauso wichtig wie eine Aufklärung der Ereignisse ist aber, die Aufmerksamkeit darauf zu richten, wie sie medial gestaltet und transportiert wurden und was durch sie in Folge zu legitimieren versucht wurde. Wer solche Positionen bezieht hat kräftigen öffentlichen Gegenwind zu erwarten. So wurde etwa dem deutschen Philosophen Peter Sloterdijk kurz nach den Anschlägen in den USA vorgeworfen, er würde mit seinen Äußerungen zum Thema die Vorfälle marginalisieren. Seine Antwort zeugt von einem hohen Bewusstsein der Umstände: "Ich will nichts sagen, was später als Beitrag zu einer epochalen Überinterpretation eines solchen Ereignisses missverstanden werden kann."

Wer die Geschichte kennt, der hat ein solches Bewusstsein in der Regel entwickelt. Dazu genügt schon das abschreckende und warnende Beispiel vom Reichstagsbrand vom 28.02.1933, der angeblich auf das Konto des politisch linken Arbeiters Marinus van der Lubbe ging – dessen Täterschaft allerdings nie bewiesen werden konnte. Noch am selben Tag wurde die Verordnung des Reichspräsidenten zum Schutz von Volk und Staat (Reichstagsbrandverordnung) erlassen. Damit wurde die Weimarer Verfassung praktisch außer Kraft gesetzt und der Weg bereitet für die Verfolgung politischer Gegner der NSDAP und in Folge für die Machtergreifung durch das Hitlerregime.

Ob es nun auf 9/11 zutrifft oder nicht: Das Inszenieren oder auch nur Fingieren bestimmter Ereignisse, um damit die Solidarisierung der Massen mit politischen Maßnahmen zu erzeugen, gehört zum Handwerkszeug von Militärs und Geheimdiensten. Der ehemalige US-Verteidigungsminister und Weltbankpräsident Robert McNamara gab 1995 in seinen Memoiren etwa an, dass es den sogenannten Tonkin-Zwischenfall nie gegeben hat. Der angebliche Beschuss amerikanischer Kriegsschiffe durch nordvietnamesische Schnellboote im Golf von Tonkin 1964 wurde der amerikanischen Bevölkerung und dem Kongress als Grund für ein direktes Eingreifen des US-Militärs in den Vietnamkrieg präsentiert.

Und auch das, was den sogenannten Angriffen auf die USA im September 2001 folgte, war in großen Teilen längst geplant und bedurfte dieses einen katalytischen Ereignisses. Genau diese Wortwahl findet sich in dem bereits im September 2000 veröffentlichten Strategiepapier Rebuilding Americas Defenses, das im Auftrag des "The Project for the New American Century" verfasst wurde. Mitglieder dieser 1997 gegründeten Organisation sind etwa der ehemalige Vizepräsident Dick Cheney oder auch Donald Rumsfeld, Verteidigungsminister unter George W. Bush. Die Intention dieser Leute steht im Prolog von "Rebuilding Americas Defenses" unmissverständlich beschrieben:

"As the 20th century draws to a close, the United States stands as the world's most preeminent power. Having led the West to victory in the Cold War, America faces an opportunity and a challenge: Does the United States have the vision to build upon the achievement of past decades? Does the United States have the resolve to shape a new century favorable to American principles and interests?

"[What we require is] a military that is strong and ready to meet both present and future challenges; a foreign policy that boldly and purposefully promotes American principles abroad; and national leadership that accepts the United States' global responsibilities…"

Wie aber Volk und Steuerzahlern beibringen, dass nach Ende des kalten Krieges weiter auf- und nicht etwa abgerüstet werden muss? Wie erklären, dass die Militärpräsenz in der Welt auszuweiten ist und nicht etwa Truppen aus Europa abgezogen werden, so wie es die Russen nach 1990 auch taten? Wie all das erreichen, jetzt, wo es kein Feindbild Sowjetunion mehr gibt? Die Antwort steht auf Seite 51 von „Rebuilding Americas Defenses" und ordnet 9/11 als das ein, was es war:

"Further, the process of transformation, even if it brings revolutionary change, is likely to be a long one, absent some catastrophic and catalyzing event – like a new Pearl Harbor."

Demographie und Politik – Es ist kompliziert

Mai 2015

"Prognosen sind schwierig, besonders wenn sie die Zukunft betreffen." Diese Worte werden dem Physiker Nils Bohr zugeschrieben, der wahrscheinlich der These zugestimmt hätte, dass es sich bei dem Thema Bevölkerungsentwicklung nicht so verhält. Tatsächlich genügt ein Blick auf die Bevölkerungspyramide und auf empirische Daten zur Entwicklung von Geburtenrate und Lebenserwartung in Gesellschaften, um vorauszusagen wie sich die Bevölkerung in der Zukunft altersmäßig zusammensetzen dürfte.

Der Sozialwissenschaftler Meinhard Miegel etwa prognostiziert so schon seit den späten siebziger Jahren die Schrumpfung und Alterung der deutschen Gesellschaft. Was in Deutschland zu beobachten ist, dass lässt sich empirisch für Gesellschaften im Allgemeinen zeigen: die Geburtenrate sinkt mit wachsendem Wohlstand. Haben Menschen ein bestimmtes Niveau erreicht, dann entschließen sie sich eher dazu ein bis zwei Kinder auf die Welt zu bringen als sechs oder sieben. Versuche dieser Entwicklung mit familienpolitischen Maßnahmen entgegenzuwirken, waren wenig erfolgreich: Die Geburtenziffer (also die Anzahl Kinder je Frau) stagniert schon seit über 20 Jahren bei rund 1,4 (Quelle: statista). Das politische Kalkül ist durchaus nachvollziehbar: Eine schrumpfende und alternde Bevölkerung lässt schließlich auch in ihrer Schaffenskraft nach und büßt somit Bonität bzw. Verschuldungsfähigkeit ein.

In seinem jüngsten Buch "Exit – Wohlstand ohne Wachstum" beschreibt Miegel zu Recht, dass alternde

Wohlstandsgesellschaften aber nicht zwangsläufig in die Armut fallen müssen. Es ist ja schließlich eine Menge geschaffen worden. Alleine das Geldvermögen der deutschen Haushalte liegt bei rund 5 Billionen Euro, das sind umgerechnet fast 190.000 Euro je Dreipersonenhaushalt (Quelle: statista). Außerdem kompensiert die stetig steigende Arbeitsproduktivität bis zu einem gewissen Grad die Sozialprodukteffekte einer schrumpfenden Bevölkerung. Laut statistischem Bundesamt stieg diese etwa in den 20 Jahren zwischen 1991 und 2011 um fast 35%.

In den Medien wird das Thema demographischer Wandel hingegen zunehmend alarmistisch präsentiert. So etwa titelte der SPIEGEL in seiner Ausgabe Nr. 12 / 2015, unterstützt von düsterer Bildersprache: "2030: Es kommen härtere Jahre". Beschrieben wird das Szenario vom Renteneintritt der geburtenstarken Jahrgänge der frühen siebziger Jahre – den sogenannten Babyboomern. Fazit: der Gürtel muss noch enger geschnallt werden. Die extreme und wachsende Ungleichverteilung des "Wohlstandes" wird in diesem Zusammenhang kaum thematisiert.

Wo an der Verteilung des Bestehenden nicht gerüttelt werden darf, da dreht sich der Wohlstandsstreit natürlich um die Aufteilung des neu zu Schaffenden. Aber wer soll es besorgen? Die nicht geborenen Kinder fallen aus. Einwanderer? Welche bevölkerungspolitische Maßnahme greift? Miegel bringt es auf den Punkt: allein um die gegenwärtige Altersstruktur in Deutschland zu stabilisieren müssten auf Jahrzehnte hinaus alle gebärfähigen Frauen etwa 4 Kinder zur Welt bringen oder aber es müssten jedes Jahr etwa 3,6 Millionen junge Menschen zuwandern. Beides ist weder realistisch noch wünschenswert, so Miegel.

Es besteht also weder empirisch noch praktisch Grund

zur Annahme, dass man einen nennenswerten Einfluss auf die Entwicklung der Bevölkerungsstruktur hat. Und vielleicht ist es auch besser sich politisch bei diesem Thema zurück zu nehmen. Bevölkerungspolitik hat nämlich in Europa eine grausame Geschichte. In ihrem Buch "Die Vernichtung der Weisen Frauen" zeigen die Wissenschaftler Gunnar Heinsohn und Otto Steiger, dass das, was heute als Hexenverfolgung bezeichnet wird im Grunde eine bevölkerungspolitische Maßnahme von europäischem Adel und Klerus war.

In Folge der großen Pestepidemie im 14. Jahrhundert schrumpfte die europäische Bevölkerung um fast ein Drittel. Dieser extreme Schwund an Menschen rüttelte am Fundament der feudal-klerikalen Machtpyramide. Die Geburtenziffern, die seit dem 8. Jahrhundert die Bevölkerung relativ konstant hielten, waren eine Gefahr und so wurden diejenigen zur Zielscheibe, die über das Verhütungs- und Abtreibungswissen verfügten: die Hebammen. Tatsächlich waren es Hebammen, die wegen Ketzerei und Hexerei auf den Scheiterhaufen bei lebendigem Leib verbrannt wurden. Mit ihnen wurde das alte Wissen ausgerottet und es begann eine Phase von Menschenproduktion mit weitreichenden Folgen, die bis heute zu spüren sind.

Mit bald schon sechs bis sieben Kindern je Frau explodierte die europäische Bevölkerung. Die neue Pseudomoral ordnete Sexualität alleine dem Zweck der Menschenproduktion unter. Die Scharen an jungen perspektivlosen Männern bildeten die europäischen Heere und trieben nicht zuletzt die Unterwerfung der Welt im Zuge der Kolonialisierung voran. Später waren es die Heere an Industriearbeitern, die sich aus den Besitzlosen rekrutierten. Selbst der moderne staatliche Bildungsapparat hat hier seine Ursprünge. Es war die Obrigkeit, welche die verwahrlosten Kinderscharen, die in ihrem Zuhause nicht mehr satt wurden, in staatliche Obhut nahm und damit auch ihre Bildung und Ausbildung kontrollierte.

So kann man zusammenfassen, dass sich Politik besser den demographischen Realitäten fügt als sie verändern zu wollen und sich darauf konzentriert eine freie und gerechte Gesellschaft unter den demographischen Rahmenbedingungen mit zu gestalten.

Staatsfeind Steuerhinterzieher

Mai 2015

Die Schweizer Behörden haben am 25.05.2015 in Folge eines Amtshilfegesuchs der deutschen Kollegen damit begonnen die Namen von mutmaßlichen Steuerhinterziehern zu veröffentlichen, die Vermögen in der Schweiz halten und gegen die der deutsche Fiskus ermittelt.

Steuerhinterzieher stehen erst seit wenigen Jahren derart im öffentlichen Fadenkreuz. Was früher schon mal als "Volkssport" verharmlost wurde, erfährt zunehmend öffentliche Ächtung und wird zu einem Kapitalverbrechen erhoben. Ob ein Klaus Zumwinkel, ein Uli Hoeneß oder eine Alice Schwarzer: die Häme und Wut über die Ertappten war groß, befeuert von einer Medienkampagne mit bisher unbekannten Ausmaßen.

Die instrumentalisierte Wut der Normalo-Steuerzahler ist verständlich. Es geht an das eigene Gerechtigkeitsempfinden, wenn man erkennt, dass Topverdiener sich der Finanzierung öffentlicher Leistungen wie Infrastruktur oder Bildung entziehen, diese Leistungen aber trotzdem in Anspruch nehmen. Und es zeigt allen, die ihren Lebensunterhalt mit Erwerbsarbeit bestreiten, die eigene Ohnmacht. Was auf ihren Konten am Monatsende landet ist ja bereits besteuert.

Der Steuerhinterzieher ist ein wichtiges Feindbild und eine Projektionsfläche für diese Wut, die sich mit Blick etwa auf die deutsche Staatsquote von bald 50% (Quelle: Wikipedia) und die regelmäßig vom Bund der Steuerzahler veröffentlichten Verschwendungslisten, schließlich auch gegen den Steuerstaat selbst richten könnte. Das soll verhindert werden.

Das Steuerthema hatte und hat nämlich absolute Systemrelevanz. Die Bonität oder auch Verschuldungsfähigkeit eines Staates liegt schließlich in seiner Fähigkeit über Steuern und Abgaben zukünftige Tilgungen und Zinszahlungen leisten zu können. Wo private Haushalte und Unternehmen Kredite nicht mehr nachfragen wollen oder können, da bleibt nur noch der Staat, der sich im Namen seiner Bürger verschuldet. Und in einem Schuldgeldsystem muss immer irgendjemand Schulden machen – sonst gibt's kein Geld.

Und genau das findet statt. Der zweitgrößte Ausgabenposten im Bundeshaushalt sind bereits die Zinszahlungen auf die Staatsschulden. Im Zuge der sogenannten Banken- und Eurorettungsmaßnahmen seit Lehman 2008 hat sich die Verschuldung der Bundesrepublik Deutschland noch einmal kräftig auf heute über zwei Billionen Euro (rund 25.000 Euro pro Kopf) erhöht. Verliert der Staat seine Besteuerungspotenz, dann sind seine Schuldscheine auch wertlos und die Gläubiger (darunter auch über 90 Millionen deutsche Lebensversicherungssparer) können abschreiben.

Was die Steuerzahler auf die Palme bringt und zu Hinterziehern macht, das ist doch auch die Tatsache, dass über diese gewaltige Neuverschuldung bestimmte Gläubiger schadlos davon kommen und die immer noch bevorstehenden Abschreibungen von der Masse der Bürger getragen werden sollen. Das ist ungerecht, demokratisch sicher nicht legitimiert, und wird auch nicht länger mit dem Hinweis auf Alternativlosigkeit geschluckt.

Steuerhinterziehung sollte weder "Volkssport" noch Kapitalverbrechen sein. Wer seine Wut und seinen Hass gegen die Personen richtet, die uns in den Medien spektakulär als Täter präsentiert werden, der sollte genau hinsehen, vor welchen Karren er sich damit spannen lässt. In einem wirklich demokratisch verwalteten Gemeinwesen kann natürlich nicht geduldet werden, dass sich Einzelne um ihren Beitrag für die Finanzierung von so legitimierten Ausgaben und Leistungen für die Gemeinschaft drücken. Wer würde hier schon widersprechen?

Supergipfel der Mächtigen: G7 und Bilderberger treffen sich vom 07. bis 14. Juni in Elmau / Telfs-Buchen

Mai 2015

Wer in den vergangenen Tagen auf der Autobahn München-Garmisch unterwegs war dürfte seinen Augen kaum getraut haben: hunderte hochmoderne Einsatzwagen der Polizei in Kolonnen von zehn bis zwanzig Fahrzeugen waren dort in beide Richtungen unterwegs. Weniger sichtbar als dieses massive Aufgebot waren die Sicherheitsvorkehrungen, die schon seit über einem Jahr im deutsch-österreichischen Grenzgebiet getroffen werden. Tausende Beamte und Bauarbeiter waren damit beschäftigt, das Gelände zu sondieren und gegebenenfalls sicherheitskonform umzugestalten.

Medienberichten zur Folge dienen diese Maßnahmen sowie das massive Aufgebot an Sicherheitskräften der Abschirmung hochrangiger Staats- und Regierungschefs, die sich ab dem 07.06.2015 auf Schloss Elmau zum G7-Gipfel treffen werden – bei der zweitägigen Veranstaltung werden rund 17.000 Einsatzkräfte der Polizei vor Ort sein; der Bund der Steuerzahler schätzt die damit verbundenen Kosten für die Allgemeinheit auf über 360 Millionen Euro.

Dass es hier ausschließlich um die G7 geht ist nur die halbe Wahrheit. Im direkten Anschluss an das G7-Treffen, kommen dieses Mal auch die Bilderberger im nur wenige Kilometer entfernten Telfs-Buchen in Tirol zu ihrer jährlichen Konferenz zusammen. Über dieses elitäre Treffen von einflussreichen Menschen aus Politik, Militär, Hochfinanz, Wirtschaft, Medien und Adel wird in den Mainstreammedien nicht berichtet – obgleich

Medienmacher wie etwa Matthias Döpfner vom Springer-Verlag, Hubert Burda oder Josef Joffe von der "Zeit" (ehemals Süddeutsche Zeitung) Gäste der Bilderberg-Konferenz waren. Wie alle Teilnehmer haben auch sie sich zur absoluten Verschwiegenheit verpflichtet.

Genau diese Verschwiegenheit über ihre Zusammenkünfte, die bereits seit 1954 und ursprünglich auf Initiative von Prinz Bernhard der Niederlande stattfinden, hat den Bilderbergern den Ruf einer "geheimen Weltregierung" eingebracht. Und wer würde bei einem Blick auf die Teilnehmerlisten schon bestreiten, dass es sich hier um mehr als eine Altherrenrunde handelt. Um nur einige Namen zu nennen: David Rockefeller, Eric Schmidt (Google), Henry Kissinger, Josef Ackermann, Bill Gates, Jürgen Schrempp (DaimlerCrysler), Jose Manuel Barroso, David Petraeus (CIA), Königin Beatrix der Niederlande, …

Tatsächlich merkwürdig ist die Koinzidenz von Konferenzteilnahme und Karriere so mancher Politiker oder Regierungschefs: Barack Obama, Teilnahme 2008, danach US-Präsident; Bill Clinton, Teilnahme 1991, danach US-Präsident; Jean-Claude Trichet, Teilnahme 2003, danach Präsident der Europäischen Zentralbank; José Manuel Barroso, Teilnahme 2003, danach Präsident der Europäischen Kommission; Tony Blair, Teilnahme 1993, danach Chef von Labour und britischer Premierminister; Margaret Thatcher, Teilnahme 1977, danach britische Premierministerin; Helmut Kohl, Teilnahme 1982, danach deutscher Bundeskanzler; Helmut Schmidt, Teilnahme 1973, danach deutscher Bundeskanzler; Gerhard Schröder und Angela Merkel, Teilnahme 2005, danach Misstrauensvotum Schröder und neue deutsche Kanzlerin Merkel; (Quelle: Daniel

Estulin) ... die Liste ließe sich mühelos verlängern.

Wer jetzt stutzig geworden ist und sich fragt, ob – wie nach Artikel 20 des deutschen Grundgesetzes – tatsächlich alle Staatsgewalt vom Volke ausgeht und wer Transparenz in dieser Sache will, der kann dem Protestaufruf unserer österreichischen Nachbarn folgen. Wer an die Altherrenrunde glauben will, darf weiter schlafen.

Die Deutsch-Russische Frage oder wer den Frieden in Europa stört

Juni 2015

Frisch zurück vom Bilderberg-Casting durfte Bundesverteidigungsministerin und Schattenkanzlerin Ursula von der Leyen gleich mal zeigen, dass sie ihre Aufgabe verstanden hat: Als Gastgeberin bot sie am vergangenen Montag dem amerikanischen Kollegen Ashton Carter die Gelegenheit, der deutschen Bevölkerung Washingtons Linie in der europäischen Machtfrage unmissverständlich mitzuteilen.

In seiner von Phoenix übertragenen Antrittsrede macht Carter klar, wo der Feind sitzt: in Moskau. Umso wichtiger sei es nun der Schutzmacht USA gehorsam zu folgen, um wie Carter sagt "… die Europäer aus der Abhängigkeit von den russischen Energie-Importen [zu] befreien". Er betont diese Vorgabe mit dem üblichen Säbelrasseln (in Bezug auf den Ukraine-Konflikt: "… die Nato werden nach einem neuen Drehbuch auf die bösartigen Versuche Russlands reagieren, die Nato zu destabilisieren.") und indem er Deutschland eine besondere Rolle in dieser neu zu schaffenden Konfrontation mit Russland zuweist – nicht zuletzt über die tapfere Aufrechterhaltung der Sanktionen, welche die deutsche Wirtschaft bereits empfindlich spürt. Hier mag als Randnotiz erwähnt werden, dass seit der Verhängung der europäischen Sanktionen gegen Russland die USA ihren Außenhandel mit dem neuen Schurkenstaat ausgeweitet hat.

Es ist ein altes Spiel, das hier in Carters Rede wieder zu Tage tritt und es ist kein Zufall, dass es jetzt geschieht: nicht zuletzt durch die jüngsten Vereinbarungen Griechenlands mit Russland, über Öl- und Gasförderung und Pipelineprojekte, droht der Einfluss Washingtons auf Westeuropa zu bröckeln. Und diese Angst ist berechtigt. Schließlich ist es volkswirtschaftlich sinnvoller, und auch im Dienst des Friedens, einen ausgeglichenen Außenhandel mit Russland nach dem Motto "Technik für Bodenschätze" zu treiben, als die eigenen Erzeugnisse gegen Dollars aus dem "Nichts" zu exportieren und damit das Petro-Dollar-System weiter zu stützen (d.h. Öl nur gegen Dollar zu handeln und nicht gegen Euro oder Rubel etwa). Es ist die alte Angst der Mächtigen jenseits des Atlantiks, so wie es George Friedmann, Chef des US-Thinktanks Stratfor, jüngst in seiner Rede vor dem Chicago Council on Global Affairs auf den Punkt brachte: "Die Vormachtstellung der USA hänge vor allem davon ab, dass Deutschland und Russland niemals enge Verbündete werden dürften."

Veröffentlicht: IS war Idee
der Geheimdienste

Juni 2015

Nach erfolgreicher Klage auf die Herausgabe vertraulicher Dokumente zum Anschlag auf das US-Konsulat in Bengasi 2012, ist nun ein Papier des US-Geheimdienstes Defense Intelligence Agency (DIA) aus dem selben Jahr 2012 öffentlich zugänglich, das belegt was bisher mit der Keule "Verschwörungstheorie" nieder geknüppelt wurde. Wenn auch weite Bereiche des Dokuments geschwärzt bleiben, so ist doch schwarz auf weiß nachzulesen, dass die Terrororganisation Islamischer Staat (IS) eine Idee der westlichen Geheimdienste war.

Die entscheidenden Textstellen ins Deutsche übersetzt: "Salafisten, die Islamische Bruderschaft und Al Qaida sind die wesentlichen Kräfte der Auflehnung gegen das syrische Regime. [...] Der Westen, die Golfstaaten und die Türkei unterstützen die [diese] Opposition während Russland, China und der Iran das Regime [Assad] unterstützen. [...] Sollte sich die Situation [dieser Aufstand gegen das syrische Regime] chaotisch entwickeln, so besteht die Möglichkeit [Im englischen Originaltext steht "possibility" und eben nicht "risk" oder "likelihood" oder "threat"] zu einem offiziell oder auch inoffiziell ausgerufenen salafistischen Prinzipat [Kalifat bzw. IS] und das ist exakt das, was die Unterstützer dieser Opposition [der Westen, die Golfstaaten und die Türkei] wollen, um das syrische Regime zu isolieren, welches eine strategische Ausdehnung der Shia (Irak und Iran) beabsichtigt."

Das Al Qaida Ende der 70er Jahre vom CIA gegründet wurde, um Afghanistan unter westliche Kontrolle zu bekommen und den Klassenfeind Sowjetunion zurück zu drängen, das ist heute Allgemeinwissen. Damals wie heute rekrutiert und unterstützt man extremistische Muslime, um sie für die eigenen geopolitischen Interessen an die Front zu bringen. In dem 1997 erschienen Buch "Die einzige Weltmacht" beschreibt der ehemalige und aktuelle Präsidentenberater Zbigniew Brzeziński die Bedeutung eurasischer Staaten für die weltweite Hegemonialstellung des US-Imperiums – darunter auch Syrien.

Der IS ist wie schon Al Qaida ein Instrument dieser imperialistischen Agenda. Er macht die Drecksarbeit und liefert der Öffentlichkeit über die Massenmedien ein neues Feindbild und damit eine Rechtfertigung für völkerrechtswidrige Angriffskriege, die Einschränkung von Freiheitsrechten und totale Überwachung. Doch wie schon im Falle Al Qaida kommt auch bei IS die Wahrheit ans Licht. Arthur Schopenhauer sagte einmal etwas für unsere heutige öffentliche Berichterstattung sehr Zutreffendes: "Ein neuer Gedanke wird zuerst verlacht, dann bekämpft, bis er nach längerer Zeit als selbstverständlich gilt." Die Enthüllungen über die Verflechtungen von Geheimdiensten und IS wurden bisher als Verschwörungstheorie verlacht. Aus Angst vor der Bekämpfung wird bisher noch geschwiegen.

PS:

Hier die Interpretation von SPON: http://www.spiegel.de/politik/ausland/islamischer-staat-us-geheimdienstpapier-ist-kein-terror-masterplan-a-1036118.html.

Selber entscheiden ...

BND-Skandal: künstliche Aufregung und Gefahr der totalen Abhängigkeit

Juni 2015

Anfang der 90er Jahre, nach dem Zerfall der Sowjetunion und dem Ende des sogenannten kalten Krieges, gingen in deutschen Großkonzernen Rundschreiben an leitende Mitarbeiter raus, deren Inhalt nicht aktueller hätte sein können: es wurde davor gewarnt, dass die von deutschem Boden aus agierenden amerikanischen Geheimdienste nunmehr ihre Überwachungs- und Spionagetechnik gegen deutsche Unternehmen richten könnten. Etwa mit der von der NSA betriebenen Überwachungsanlage im oberbayerischen Bad Aibling, die später vom BND übernommen wurde (Quelle: Wikipedia).

So wundern sich mindestens die Manager von damals über die Aufregung um die "aktuellen" Enthüllungen über Wirtschaftsspionage und die Verflechtungen vom BND mit amerikanischen Geheimdiensten. Man hätte es damals schon, auch außerhalb deutscher Großkonzerne, wissen können. Ein Blick auf den Ursprung des BND hätte genügt, um Zweifel an der Unabhängigkeit und Integrität des deutschen Nachrichtendienstes zu wecken. So kann man darüber heute bei Wikipedia lesen:

"Die Organisation Gehlen war ein im Juni 1946 von US-amerikanischen Besatzungsbehörden in der Amerikanische Besatzungszone aus deutschem Personal, bestehend aus Resten der 12. Abteilung des Generalstabs des Heeres, der Abteilung Fremde Heere Ost, gebildeter Nachrichtendienst. Sie war die Vorläuferorganisation des Bundesnachrichtendienstes (BND). Ihr Sitz nach der Gründung war zunächst Camp King in Oberursel im Taunus, seit dem 6. Dezember 1947 die ehemalige

Reichssiedlung Rudolf Heß in Pullach bei München, die bis heute Hauptstandort des BND ist. Dieses Datum verschaffte dem BND-Hauptquartier den Spitznamen „Camp Nikolaus". Ende der 1940er Jahre umfasste die Organisation Gehlen rund 4.000 Mitarbeiter."

Über den Namensgeber der Organisation Gehlen, Reinhard Gehlen, heißt es:

"Anfang März 1945, rechtzeitig vor Kriegsende, ließ Gehlen die gesamten nachrichtendienstlichen Materialien von wenigen handverlesenen Mitarbeitern auf Mikrofilm vervielfältigen und, in wasserdichten Fässern verpackt, verteilt auf mehrere Bergwiesen, in den österreichischen Alpen vergraben. […] Gehlen, der in Kriegsgefangenschaft der US Air Force war, wurde schließlich 1945 mit sechs ehemaligen Mitarbeitern und den Dokumenten durch das Kriegsministerium der Vereinigten Staaten in die USA nach Fort Hunt, Virginia bei Washington, D.C. geflogen. Die Alliierten nahmen wie im Fall Gehlen zunächst auch andere Experten in Gewahrsam, unter anderen den Raketenforscher Wernher von Braun und die Atomphysiker um Otto Hahn."

Seine Kooperation mit den Alliierten Siegermächten dürfte Gehlen vor einer Anklage in Nürnberg und wohl möglich vorm Galgen gerettet haben.

Vor dem Hintergrund dieser Gründungsgeschichte, würde es nicht verwundern, dass das Bundeskanzleramt, das formal die Aufsicht über deutsche Geheimdienste hält, nichts von der engen Kooperation mit Washington gewusst hat. So ist Bundeskanzlerin Merkel durchaus glaubhaft, wenn sie Aufklärung der jüngst bekannt gewordenen Machenschaften verlangt. Fraglich ist, in wie weit sie davor in der Vergangenheit die Augen verschlossen hat.

Ein souveräner Staat hat gute Gründe einen eigenen Nachrichtendienst zu unterhalten. Wären die Regierenden in ihren Entscheidungen auf Informationen etwa von Massenmedien angewiesen, wie leicht würden sie Opfer von Desinformation und Propaganda im Interesse anderer? Deshalb ist es jetzt umso wichtiger, dass im Zuge des BND-Skandals nicht das sprichwörtliche "Kind mit dem Bade" ausgeschüttet wird und am Ende eine totale Abhängigkeit von fremden Geheimdiensten zementiert wird.

Die Royals: Mehr als nur Folklore +++
Zum Besuch der Queen +++

Juni 2015

Der mittlerweile fünfte Staatsbesuch von Queen Elizabeth II. in Deutschland hat begonnen. Die Massenmedien dürften somit in den kommenden Tagen wieder voll von Bildern jubelnder und Spalier stehender Menschen sein. Und in den Liveübertragungen werden Adelsexperten wie Rolf Seelmann-Eggebert mit vornehm-getragener Stimme wieder dafür sorgen, dass sich der Zuschauer durch den erhabenen Besuch beinahe selbst ein wenig geadelt fühlt.

Die mediale Inszenierung dürfte wieder mal ein Bild der englischen Königsfamilie zeichnen, dass ihre freundlich-harmlose Volksnähe, ihre Tradition und Etikette aber vor allem ihre politische Bedeutungslosigkeit unterstreicht, mit einem Schuss Wehmut über den Machtverlust einer Elite, unter deren Herrschaft nicht alles schlechter war.

Tatsächlich musste die britische Monarchie ihre absolutistische Macht in Folge der Revolution von 1688/89 in Teilen abgeben, zugunsten einer Verfassung, der berühmten "Bill of Rights". Den viel größeren Machtverlust dürften sie aber zu Beginn des 19. Jahrhunderts erlitten haben, als ihnen die cleveren Banker der Familie Rothschild die Kontrolle über die Bank of England und über die eigenen Staatsfinanzen abjagten – mit dem legendären Insider- und Spekulationsgeschäft auf britische Staatsschuldscheine im Zusammenhang mit dem Ausgang der Schlacht bei Waterloo (Quelle: Morton, Die Rothschilds).

Dass die britische Königsfamilie dennoch nicht von der Apanage des Volkes abhängig ist, darauf deutet die enge

Verflechtung mit der Hochfinanz hin – heute genauso wie damals schon. Durch direkte Kontrolle der britischen Kanalinseln ermöglichen sie erst das gigantische, weltweit vernetzte Offshore-Banking. Über dessen Dimensionen gibt die amerikanische Citibank in ihrer Kundenwerbung Auskunft:

"As one of the Channel Islands, Jersey operates in a jurisdiction close to but outside of the UK and continental Europe, and offers a high level of security with tightly-controlled regulation from the Jersey Financial Services Commission (JFSC). It is the largest and most established of the Channel Islands in terms of financial services, particularly in the fund management sector where it is a world leader. Over one in nine of the island's population is a financial services professional and many banks, investment management companies and brokers have chosen the centre as a base because it is politically and economically stable. Over £154.9bn is deposited on the island at one time and well over half of these funds are in foreign currencies." (Quelle: Citibank)

Laut britischer Verfassung ist der Monarch – heute also Queen Elizabeth II. – auch weiterhin das Staatsoberhaupt und Inhaber der exekutiven, legislativen und judikativen Gewalt und er hat das Privileg Gesetze, die im parlamentarischen Verfahren erarbeitet werden, zu verabschieden oder eben nicht. Diese Rolle wird mit der Einschränkung "theoretisch" und dem Hinweis auf das Gewohnheitsrecht versehen – es bleibt allerdings offen, worin diese Einschränkung konkret bestehen soll und ob im Falle eines Streits diesem Gewohnheitsrecht dann doch vor Gericht zur Geltung verholfen würde (vgl. Max Weber über Gewohnheitsrecht vs. Richterrecht).

Dass die Queen mehr als nur eine zeremonielle Rolle im britischen Parlamentarismus spielt, darauf lässt die

Tatsache schließen, dass sie sich wöchentlich zu einem vertraulichen Gedankenaustausch mit den jeweiligen Premierministern trifft (Quelle: Wikipedia)

Mindestens genauso bedenklich ist das, was sie erst vor kurzem in ihrer traditionellen Thronrede zur Eröffnung der neuen Legislaturperiode unter der Überschrift "Anti-Extremism Bill" vor dem britischen Parlament verkündete. Dabei handelt es sich um ein Gesetzesvorhaben, das auf den ersten Blick nachvollziehbar klingt, bei genauerem Hinsehen aber eine weitere Abkehr von Rechtstaatlichkeit beinhalten könnte. Aus eben diesem Grund wurde es auch von Camerons früherem Koalitionspartner, den Liberaldemokraten, abgelehnt. Nach der Neuwahl kommt es nun wieder auf die politische Agenda.

Worum geht es in der "Anti-Extremism Bill" genau? Die Antwort darauf gab David Cameron selbst, schon im Vorfeld der "Queen's Speech": "The new laws will mean powerful banning orders for extremist organizations which "undermine democracy" or give "hate speeches" – even if they do not break the law [!]. […] For too long, we have been a passively tolerant society, saying to our citizens: as long as you obey the law [!], we will leave you alone. It's often meant we have stood neutral between different values. And that's helped foster a narrative of extremism and grievance." (Quelle: The Telegraph)

Doch was, wenn nicht Recht und Gesetz (durch Recht legitimiert), soll es sein, dass Rechtstaatlichkeit ausmacht? Die neuen "Anti-Extremism"-Gesetze sollen die Verbreitung undemokratischer Organisationen verhindern, selbst wenn diese sich nach Recht und Gesetz verhalten? Natürlich soll man Hasspredigern das Handwerk legen – aber unter Aufgabe fundamentaler rechtstaatlicher Prinzipien? Das kann kein Demokrat ernsthaft wollen!

"Zwischen dem Schwachen und dem Starken ist es die
Freiheit, die unterdrückt, und das Gesetz, das befreit."
(Jean-Jacques Rousseau)

Was der Atomdeal mit dem Iran bedeutet

Juli 2015

Am 18.07.2015 hat der Sicherheitsrat der Vereinten Nationen den Weg frei gemacht für die Aufhebung der Sanktionen gegen die islamische Republik Iran. Damit könnte die bald zehnjährige Isolation des Landes zu Ende gehen, die durch den Vorwurf begründet wurde, das Land strebe die Herstellung von Nuklearwaffen an.

Als erster westlicher Politiker besuchte Bundeswirtschaftsminister Sigmar Gabriel die islamische Republik – sicherlich auch, um die wirtschaftlichen Beziehungen beider Länder wieder auf zu bauen. Denn das entsprechende Handelsvolumen halbierte sich seit dem Beginn der Sanktionen von rund 5 Milliarden Euro 2005 auf etwa 2,7 Milliarden Euro in 2014 (Quelle: statista). Die Mission mutet auch als Trostpflaster für die deutsche Exportwirtschaft an, die seit dem Inkrafttreten der Russlandsanktionen im vergangenen Jahr massive Einbußen zu verzeichnen hat. Die DIHK schätzt den Schaden im laufenden Jahr auf rund 4 Milliarden Euro.

Mit mehr als 77 Millionen Menschen, von denen rund 30% noch unter 30 Jahre alt sind, gehört der Iran ohne Zweifel zu den aufstrebenden Ländern, die auch weltwirtschaftlich und politisch an Einfluss gewinnen werden. Das Ende der Eiszeit bietet Chancen und Gefahren gleichermaßen. Zu den Chancen zählt der Ausbau der wirtschaftlichen Beziehungen mindesten so wie der Austausch mit einer der ältesten Hochkulturen. Die Öffnung gegenüber dem Westen birgt aber auch die Gefahr der Unterwanderung, die Gefahr eines induzierten Regime-Changes mit sich, so wie es schon

1953 mit dem von der CIA orchestrierten Putsch gegen die demokratisch gewählte Regierung Mossadegh geschah.

Die iranische Jugend, die sich vieles von dem wünscht, was als westlicher Lebensstil bezeichnet wird, sollte wachsam bleiben. Zu leicht wäre in der gegenwärtigen Situation eine neue "Facebook"-Revolution nach ägyptischem Vorbild vom Zaun zu brechen, an dessen Ende nur Chaos und der Verlust der eigenen Selbstbestimmung stünden.

Dr. Oetker hat's verstanden: 200 Familien regieren die Welt

Oktober 2015

"Die USA wird von 200 Familien regiert und zu denen wollen wir gute Kontakte haben" (Quelle: Berliner Zeitung). Dieses Zitat aus dem Jahr 2002 stammt von Arndt Oetker, Oberhaupt des gleichnamigen Lebensmittelkonzerns und vor allem ehemaligem Vorstands-Chef der Atlantik-Brücke.

So einfach lässt sich die Wahrheit manchmal auf den Punkt bringen. Mit Blick auf die Militärpräsenz der USA in der ganzen Welt, der Petrodollar-Weltleitwährung oder die totale Überwachung etwa Europas durch die NSA darf man wohl davon ausgehen, dass sich die Regierungsmacht dieser 200 Familien weit über die Vereinigten Staaten hinaus erstreckt.

Die Atlantik-Brücke bildet mit anderen sogenannten NGOs gewissermaßen den Lenkungskreis für die Angelegenheiten in der Abteilung Deutschland. Und so wie Oetker dienen sich in diesem Bewusstsein der Verhältnisse dann auch viele andere Persönlichkeiten der deutschen Öffentlichkeit und Wirtschaft den Mächtigen an. Darunter das "Who is who" der deutschen Redakteure, Konzernmanager, Banker, Spitzenpolitiker aller Parteien, Kanzlerin und Bundespräsident. Die vollständige Liste der Mitglieder gibt es z.B. bei Wikipedia.

Sollten die herrschenden Machtverhältnisse tatsächlich so sein, wie Oetker es als Insider sagt, dann sind wir, die Untertanen in diesem System, die 99,9999%. Einfach mal drüber nachdenken!

Unsere Flüchtlinge

Oktober 2015

Am 30.09.2015 hat das russische Parlament Luftschlägen auf IS-Ziele in Syrien zugestimmt. Damit gehen die Russen als bisher einzige Nation an eine der wesentlichen Ursachen der Flüchtlingsströme, die Europa massive seit Wochen treffen – nicht ohne Eigennutz, denn schließlich haben die Russen mit ihrem syrischen Mittelmeerhafen auch ein geopolitisches und wirtschaftliches Interesse an stabilen und friedlichen Verhältnissen in Syrien.

Das nun ausgerechnet die Russen und nicht die Amerikaner mit Waffengewalt gegen die Terroristen vorgehen verwundert nur jene, die nicht wissen, dass der IS von seiner Idee her von amerikanischen Geheimdiensten als oppositionelle syrische Söldnertruppe gezielt aufgebaut und gegen alle Lippenbekenntnisse bis vor Kurzem mit Waffenlieferungen oder Ölgeschäften unterstützt wurde.

Ob dies die Flüchtlingsströme zumindest aus Syrien wird eindämmen können, bleibt abzuwarten. Klar ist aber schon jetzt, dass die Menschen vor jenem Chaos in ihrem Land fliehen, dass eben durch das Auftreten dieser terroristischen oppositionellen Kräfte erst entfesselt wurde.

Von professionellen Schlepperorganisationen werden sie nun zu Hunderttausenden gezielt nach Europa gebracht, einschließlich Unzähliger, die sich entweder ganz ohne Papiere oder mit gefälschten syrischen Dokumenten auf den Weg gemacht haben. Warum sie ausgerechnet jetzt aus den Lagern in der Türkei, Jordanien und dem Libanon nach Europa aufbrechen könnte auch damit zusammenhängen, dass die Hilfsleistungen der

Vereinten Nationen in den letzten Monaten fast halbiert wurden. Es gibt auch Indizien dafür, dass Nichtregierungsorganisationen in diesen Lagern verbreiten, dass unbegrenzte Aufnahme und eine Grundversorgung in Deutschland zu erwarten wären (siehe George Soros, Open Society Foundation). Im Gegensatz zu den Bildern von Arztfamilien mit Kleinkindern, die unsere Massenmedien propagieren, sind es perspektivlose junge Männer, die aus den Krisengebieten im Nahen Osten und Afrika kommen.

Europa spürt nun eine Entwicklung hautnah, die von dem deutschen Soziologen und Wirtschaftswissenschaftler Gunnar Heinsohn in seinem Buch "Söhne und Weltmacht" bereits 2003 als Phänomen des "Youth bulge" beschrieben und für die eben genannten Krisenregionen vorhergesagt wurde. Es muss den verantwortlichen Zündlern in diesen Regionen klar gewesen sein, dass Leid und Chaos und regelrechte Völkerwanderungen in Richtung Zentraleuropa die Konsequenzen des eigenen Handelns sind.

Das die Destabilisierung und in Folge die Kontrolle Syriens, sowie sämtlicher Staaten entlang der westlichen und südlichen Grenzen Russlands und Chinas, Teil der amerikanischen Geostrategie seit dem Zerfall der Sowjetunion 1990 ist, ist bei Publikationen einflussreicher Vordenker der amerikanischen Außenpolitik nach zu lesen (vgl. Zbigniew Brzeziński, Die einzige Weltmacht: Amerikas Strategie der Vorherrschaft). Und auch die resultierenden Flüchtlingswellen sind ganz im Sinne dieser zynischen und elitären Machtphantasien; haben sie doch das Zeug dazu Zentraleuropas Bevölkerungen in schwere gesellschaftliche Konflikte zu bringen und damit dauerhaft zu schwächen und schließlich mit dem Argument der Inneren Sicherheit weiter zu Entrechten.

Im vorauseilenden Gehorsam wurde das Flüchtlingsthema wochenlang von Massenmedien und Spitzenpolitikern ausschließlich unter dem Schlagwort "Willkommenskultur" thematisiert, bis schließlich die Hilferufe von Bürgermeistern völlig überforderter Kommunen und vereinzelten Ministerpräsidenten nicht mehr überhört werden konnten und wieder ein Stück Vernunft und vor allem politische Verantwortung sowohl gegenüber der eigenen Bevölkerung wie auch den Schutz suchenden Flüchtlingen einkehrte.

Wer jetzt die große Hilfsbereitschaft und Nächstenliebe der Menschen in Deutschland medial so hoch hängt, der zeigt nur welches Bild er in Wirklichkeit von Deutschland propagieren will: es ist das Bild eines Landes von potentiell Fremdenfeindlichen und Unverbesserlichen. Kritik an der schlichten Tatsache, dass die geplante hunderttausend- bis millionenfache Integration von Menschen aus Krisen- und Kriegsgebieten und völlig anderen Kulturkreisen völlig unverantwortlich ist, so eine Kritik fällt bereits in den Bereich des politisch Unkorrekten.

Doch sie sind nun einmal da unsere Flüchtlinge und sie werden voraussichtlich auch weiter versuchen zu kommen. Es sind auch unsere Flüchtlinge weil wir unwissend oder stillschweigend eine Politik der Mächtigen geduldet haben, die erst die Ursachen dieser massiven Fluchtbewegung geschaffen haben. Es ist höchste Zeit, die Verursacher beim Namen zu nennen und ihnen ihre Macht zu nehmen. Und es ist bei allem bevorstehenden Chaos geboten, dass sich Opfer auf allen Seiten nicht gegeneinander aufhetzen lassen sondern Menschen bleiben in dem sie sich selbst im Gegenüber erkennen und sich friedlich vertragen.

Von deutschem Boden ...

Dezember 2015

"Handlungen, die geeignet sind und in der Absicht vorgenommen werden, das friedliche Zusammenleben der Völker zu stören, insbesondere die Führung eines Angriffskrieges vorzubereiten, sind verfassungswidrig. Sie sind unter Strafe zu stellen." So steht es in Artikel 26 Grundgesetz.

Am 04.12.2015 hat der deutsche Bundestag den Einsatz der Bundeswehr im Kampf gegen den IS auf syrischem Territorium beschlossen. Da es für diesen Einsatz kein Mandat der Vereinten Nationen gibt, ist dieser Einsatz völkerrechtswidrig und er könnte unter den Tatbestand "Angriffskrieg", gemäß Artikel 26 Grundgesetz fallen. Das deutsche Parlament hat kein Mandat für einen solchen Beschluss. Die Bundeswehr, die sich ausschließlich auf das Grundgesetz verpflichtet hat, müsste diesen Einsatz verweigern.

Dieser Tatbestand scheint unter dem allgemeinen Kriegsgetrommel nach den Anschlägen von Paris in der Öffentlichkeit unter zu gehen. Die Bekämpfung des IS kann nur nach geltendem Recht geschehen – so wie es etwa die Russen seit einigen Wochen als erste Nation ernsthaft unternehmen, auf die Bitte ihres Verbündeten hin, der gewählten syrischen Regierung Assad. Terror darf kein Grund sein, Rechtsstaatlichkeit über Bord zu werfen.

Mit Ausnahme der Linken befürworten alle Fraktionen im deutschen Bundestag diesen Einsatz. Auch wenn die Mehrheit der Grünen mit Nein stimmte: ist dieses Votum durch Treue zur Verfassung und zu internationalem Völkerrecht begründet? Hört man etwa der Fraktionsvorsitzenden Katrin Göring-Eckart zu, so ist das Nein der Fraktion darauf zurückzuführen, dass der beschlossene Einsatz der ehemaligen Friedenspartei nicht weit genug geht: Bodentruppen müssten es nun sein.

Und auch in den Medien wird der beschlossene Einsatz nur in dieser Hinsicht kritisiert. "Experten" nennen die Tornado-Aufklärungseinsätze und die Aufgaben der Fregatte Augsburg, die jetzt französischem Kommando unterstellt ist (!) symbolhaft. Dass Vizekanzler Gabriel heute in der Bildzeitung dann auch noch Saudi-Arabien ermahnt, Extremisten nicht länger zu unterstützen, setzt dem Verhalten von Bundesregierung und Parlament die Krone auf. Mit Panzerlieferungen an das wahabitische Regime, das wohl so ziemlich das Extremistischste sein dürfte, was der Islam zu bieten hat, hatte man in der Vergangenheit jedenfalls keine größeren Probleme.

Die Entwicklungen der vergangenen Tage lassen befürchten, dass eine große Chance zur Stabilisierung der Situation in Syrien, unter Beteiligung der Großmächte, vertan wird – schließlich war Russland sogar bereit seine Unterstützung der Regierung Assad aufzugeben und der Bevölkerung die Möglichkeit für Neuwahlen zu bereiten. Doch wie es scheint sind die geostrategischen Interessen der beteiligten Mächte in dieser Region noch immer vorrangig vor Frieden und stabilen Verhältnissen für die Menschen.

Appell an unsere Massenmedien

November 2015

Liebe Redakteure von ARD, ZDF, SPIEGEL, ZEIT & Co.: Seht hin und kehrt um! Journalisten wolltet ihr werden. Ist es das, was ihr heute seid? Wo ist eure berufliche Ehre? Verratet euch nicht selbst!

Eure Aufgabe ist nicht die Deutungshoheit zu behaupten. Eure Aufgabe ist es, umfassend zu informieren. Tut ihr es nicht, so werden Andere an eure Stelle treten. Und sie tun es bereits. Das Internet macht's möglich. Hört auf, diese neuen alternativen Angebote pauschal zu diffamieren. Ist es nicht in Wirklichkeit eure Angst, euer schlechtes Gewissen, das euer Verhalten treibt? Wie nachhaltig kann es sein darauf zu setzten, dass die Menschen dumm sind, manipulierbar in ihrer Meinung – in diesen Zeiten?

Die Menschen wachen jetzt auf. Sie werden euch lieben, wenn ihr euren Beruf wahrhaftig ausübt. Und dann werden sie euer Informations- und Meinungsbildungsangebot auch wertschätzen. Oder glaubt ihr wirklich, ihr kommt mit "Hofberichterstattung" oder steuerfinanzierten Kulturabgaben durch? Glaubt ihr wirklich, ihr seid dem Kaiser näher als dem Volk? Glaubt ihr wirklich, dass ihr den Menschen verkaufen könnt, dass das was sich gegen sie richtet in ihrem Interesse ist?

Werdet euch bewusst vor welchen Karren ihr euch spannen lasst. Werdet euch bewusst, dass wenn ihr damit nicht erfolgreich sein werdet – und ihr werdet es nicht sein – dass ihr dann eure Gust verliert und genauso vor dem Nichts stehen werdet. Werdet euch der großen Chance bewusst, die diese Zeit für euren Beruf mit sich bringt und ergreift sie! Seht hin! Es sind manchmal nur

10 Minuten: https://www.youtube.com/watch?v=5AaYDRUW6dU.

Zum Tod von Helmut Schmidt

November 2015

Helmut Schmidt ist tot. Das Gerangel um die Deutungshoheit seiner Lebensleistung und der entsprechenden Einordung in die Geschichte hat begonnen. Dazu ein Beitrag, der Aspekte mit einbezieht, die wahrscheinlich so in anderen Medien nicht Teil der Betrachtung sein werden:

Warum Helmut Schmidt laut Umfragen immer noch der beliebteste Bundeskanzler der Deutschen ist, dass konnte man in der Sendung "Menschen bei Maischberger" vom 28.04.2015 wieder einmal erleben. Trotz wiederholter, ja beinahe aufdringlicher Versuche von Maischberger, das russische Verhalten in der jüngsten Ukrainekrise doch bitte zu verurteilen, gibt sich Schmidt als Putinversteher. Und noch mehr: Das Streben der EU nach einer Assoziierung der Ukraine urteilt er als Unfug ab, die Abschaffung der Wehrpflicht kommentiert er als Werk eines Politikers, der nicht wusste was er tat. Dass Maischberger Schmidt dann auch noch mit Vorwürfen konfrontiert, er sein als junger Soldat überzeugter Anhänger der nationalsozialistischen Ideologie gewesen ist genauso deplatziert wie die implizite Aufforderung zur Distanzierung alter Aussagen Schmidts, wonach Jefferson und Kennedy für ihn politische Vorbilder seien. Was soll das? Natürlich darf man Schmidt und vor allem sein politisches Wirken kritisch hinterfragen; es gehört sich aber dies mit dem gegebenen Respekt vor einem 96-jährigen Menschen zu tun. Nun also der Versuch einer respektvollen kritischen Auseinandersetzung.

In der jüngsten Presse taucht der beliebte Altkanzler mit seinem politisch eher unwichtigen Bekenntnis zu einer alten Affäre auf. Interessanter ist die Frage wie treu er dem deutschen Volk war. Seiner Frau Loki mag er das Ja-Wort gegeben haben, dem deutschen Volk hat er mit seinem Amtseid immerhin die Treue geschworen. Diese Frage stellt sich vor dem Hintergrund, dass Schmidt derjenige deutsche Kanzler gewesen sein dürfte, der der Macht am nächsten gekommen ist. Darauf deutet zumindest eine Reihe von Kontakten in sehr exklusive Kreise: Schmidt war mehrfach Teilnehmer der Bilderberg-Konferenz, ist Mitglied in Rockefellers Council on Foreign Relations, war sogar Gast im okkulten Sommercamp Bohemien Grove in den Redwoods Nordkaliforniens und nennt Henry Kissinger einen Freund. Dass Steinbrück 2011 in St Moritz von den Bilderbergern als Kanzlerkandidat der SPD ab genickt wurde hat sicher auch mit Schmidts Kontakten in diese Kreise zu tun. Wir erinnern uns an das berühmte Foto vom Schachspiel zwischen Schmidt und Steinbrück, nach der offiziellen Ernennung Steinbrücks zum Kandidaten (und den Umstand, dass das Schachbrett falsch ausgerichtet war …).

Trotzdem war und ist Schmidt kein Statthalter Deutschlands, sondern hat als aktiver Politiker und auch als Unruheständler erkennen lassen, dass er sich seinem Amtseid, Schaden vom Deutschen Volke abzuwenden, verpflichtet fühlte. Als Verteidigungsminister stoppte er die von der NATO bzw. von Washington geplante Stationierung sogenannter "Mini-Nukes" (das sind Atomminen die den Vormarsch der Roten Armee mit ihren Panzerdivisionen stoppen sollten) in der norddeutschen Tiefebene und im "Fulda Gap". Er erkannte die Gefahr, dass Deutschland so zum Schlachtfeld eines atomaren Krieges der Supermächte vorbereitet werden sollte. Warum er dann Anfang der 80er Jahre den NATO-Doppelbeschluss nicht genauso entschlossen zu verhindern versuchte, sondern sogar gegen den Wiederstand aus seiner Partei durchsetzen wollte bleibt allerdings rätselhaft. Die Stationierung atomarer Mittelstreckenraketen auf deutschem Territorium war die Vorbereitung eines "Enthauptungsschlags" auf die militärische Führung der Sowjetunion. Strategen der Falkenfraktion, wie Brzeziński (heute außenpolitischer Berater der Obama-Administration), glaubten an die Option, den Gegner über einen begrenzten Atomkrieg bezwingen zu können. Die Idee war, der sowjetischen Militärführung durch einen atomaren Blitzangriff auf zentrale Kommandostellen die Möglichkeit zur Reaktion zu nehmen. Das war mit der Flugzeit von Interkontinentalraketen nicht zu machen. Es ist offensichtlich welche Bedrohung diese Stationierung für Moskau bedeutete. Niemand weiß das seit der Kuba-Krise besser als die Amerikaner selbst. Auch in diesem strategischen Schachspiel war Deutschland die Dame (oder auch nur ein Bauer), die man im äußersten Fall geopfert hätte.

Helmut Schmidt hat sich immer wieder vernünftig zu internationaler Politik und internationalem Handel geäußert. Er gehört zu den wenigen Politikern die verstanden haben, dass die globale Außenhandelsbilanz natürlich immer ausgeglichen ist und das der Titel "Exportweltmeister", so er durch ständige Überschüsse zustande gekommen ist, nur der Volksverblödung dient. Die Auslandsforderungen (d.h. die Überschüsse) des Einen sind immer die Auslandsschulden des Anderen. So einfach ist das. Er vertrat nach dem Ende des kalten Krieges auch immer wieder die Meinung, dass stabilere und friedlichere Verhältnisse in einer multipolaren Welt zu erreichen seien, ganz im Gegensatz zu einer neuen Weltordnung unter der Herrschaft der angelsächsischen Billionärselite. Interessanterweise äußerte sich jüngst sein Freund Kissinger in einem SPIEGEL Online Interview ähnlich in dem er eingestand, dass man langfristig wohl doch die nationale Souveränität etwa von China in einer neuen Weltordnung respektieren müsse. Ob das nun die sprichwörtliche Milde und Weisheit des Alters waren die aus Kissinger sprachen?

Schmidt war nach Meinung der Mehrheit der Deutschen ein guter Politiker und Kanzler. Er hat sich als Krisenmanager während der Hamburger Jahrhundertflut oder auch im "deutschen Herbst" des RAF-Terrors zu Recht viel Respekt erworben. Die Kontakte in die genannten elitären Kreise erklären sich am ehesten durch seinen Scharfsinn. Es war schlicht nicht möglich ihn in seiner Funktion nicht in gewisse Pläne einzuweihen. Für einen reinen Kanzlerdarsteller, eine Marionette der Macht, war und ist er zu intelligent. Sein größtes Geheimnis bleibt schließlich, wie man als Kettenraucher 96 Jahre wird.

Das Ding mit den Katastrophenübungen: ein ungeheurer Verdacht

Dezember 2015

Nach Informationen des Guardian fand am 13.11.2015 in Paris, dem Tag der Anschläge, eine Katastrophenschutzübung statt, bei der Terroranschläge an mehreren Orten in der Stadt simuliert wurden.

2005 gab es am Tag der Anschläge auf die Londoner Metro ebenfalls eine Katastrophenschutzübung, die genau dieses Anschlagsszenario zum Gegenstand hatte. Und auch am 11. September 2001 wurde ein Angriff mit entführten Passagiermaschinen im nordamerikanischen Luftraum im Rahmen einer Katastrophenschutzübung simuliert – mit dem Ergebnis, das lange unklar blieb, ob die Flugzeuge, die das World Trade Center und das Pentagon trafen denn nun real seien oder nur Gegenstand dieser Übung.

Wer hier noch an Zufälle glaubt, der kann nicht mehr länger nur als naiv bezeichnet werden. Aber was kann diese auffällige Koinzidenz bedeuten? Es drängt sich der Verdacht auf, dass diese Katastrophenübungen dazu dienen Terroranschläge überhaupt erst zu ermöglichen. Denn dort, wo Polizei und Sicherheitskräfte Terrorristen für Teilnehmer einer Übung halten, werden sie nicht eingreifen bevor dann tatsächlich etwas geschieht.

Sowohl wie jetzt nach Paris als auch zuvor nach London und dem 11. September werden Terroranschläge als Legitimation für völkerrechtswidrige Angriffskriege und die Einschränkung von Freiheit und Recht zu Gunsten von "Sicherheit" instrumentalisiert. Es steht der ungeheure Verdacht im Raum, dass Helfershelfer aus den "eigenen" Reihen zu diesem Zweck Terroristen überhaupt erst ihr Handwerk ermöglichen.

In einem Interview mit Zeit-Chefredakteur Giovanni di Lorenzo sagte Ex-Bundeskanzler Helmut Schmidt etwas in diesem Zusammenhang absolut Bemerkenswertes: „Ich habe den Verdacht, dass sich alle Terrorismen, egal, ob die deutsche RAF, die italienischen Brigade Rosse, die Franzosen, Iren, Spanier oder Araber, in ihrer Menschenverachtung wenig nehmen. Sie werden übertroffen von bestimmten Formen von Staatsterrorismus“. Di Lorenzo hakt konsterniert nach: „Ist das Ihr Ernst? Wen meinen Sie?“ Schmidt antwortet: „Belassen wir es dabei. Aber ich meine wirklich, was ich sage.“

Der Oxfam-Bluff

Januar 2016

62 Menschen verfügen über ein Vermögen das so groß ist, wie jenes der ärmeren Hälfte der gesamten Weltbevölkerung – immerhin über 3,6 Milliarden Menschen (Quelle: statista.com). Diese Meldung verbreitet sich seit Kurzem in den Mainstreammedien, wohl nicht zufällig zeitgleich zum Weltwirtschaftsgipfel in Davos. Eine öffentliche Debatte scheint also gewünscht. Quelle der Information zur Vermögensverteilung ist Oxfam, nach eigenen Angaben eine gemeinnützige Hilfsorganisation welche sich für Menschen in Not und Armut einsetzt.

Vor lauter Empörung über die berichteten Vermögensverhältnisse darf man kritisches Hinterfragen dieser Zahlen nicht vergessen. Diese Kritik ist absolut notwendig, um nicht Gefahr zu laufen die falschen Schlüsse aus diesen Zahlen zu ziehen und möglicherweise eine systemische Ursache dieser Ungleichverteilung noch zu zementieren.

Oxfam beruft sich in seiner Analyse auf die "Forbes-Liste" der reichsten Menschen. Hier ein Auszug dieser Liste mit den laut Forbes Magazine reichsten Menschen (Vermögen in Milliarden US Dollar):

Name	**Vermögen**	
Bill Gates	76,6	Microsoft
Amancio Ortega	66,9	Mode
Warren Buffett	59,5	Finanzen
Jeff Bezos	50,4	Amazon
Carlos Slim Helu	48,7	Telekomm.
Larry Ellison	43	Oracle
Mark Zuckerberg	41,6	Facebook
Charles Koch	39,7	Mischkonzern

David Koch	39,7	Mischkonzern
Liliane Bettencourt	36,5	L'Oréal
Michael Bloomberg	36	Nachrichten
Larry Page	35,9	Google
Sergey Brin	35,2	Google
Jim Walton	32,5	Wal-Mart
Bernard Arnault	32,5	Luxusgüter
Alice Walton	30,9	Wal-Mart
S. Robson Walton	30,5	Wal-Mart
Christy Walton	29,6	Wal-Mart
Li Ka-shing	28,6	Immobilien
Wang Jianlin	26,4	Immobilien
Phil Knight	24,9	Nike
George Soros	24,5	Finanzen
Steve Ballmer	23,9	Microsoft
Jorge Paulo Lemann	23,9	Bier
Georg Schaeffler	23	Süßwaren
Jacqueline Mars	23	Süßwaren
John Mars	23	Süßwaren
David Thomson	22,8	Medien
Sheldon Adelson	22,5	Glücksspiel
Lee Shau Kee	22,2	Immobilien
Mukesh Ambani	21,9	Energie
Maria Franca Fissolo	21,8	Süßwaren
Jack Ma	21,8	Onlinehandel
Leonardo Del Vecchio	21	Brillen
Stefan Persson	20,7	H&M
Carl Icahn	18,5	Finanzen
Michael Dell	18,4	Computer
Paul Allen	17,9	Microsoft
Heister & Albrecht Jr,	17,7	Aldi
Anne Cox Chambers	17,3	Medien
Dhanin Chearavanont	17,3	Nahrungsmittel
Susanne Klatten	17,3	BMW
Tadashi Yanai	17,2	Einzelhandel
Laurene Powell Jobs	17,1	Apple

Ma Huateng	16,8	Medien
Alwaleed B. T. Alsaud	16,8	Finanzen
Len Blavatnik	16,6	Mischkonzern
Theo Albrecht, Jr,	16,1	Aldi
Azim Premji	16	Software
Michael Otto	15,9	Immobilien
Dilip Shanghvi	15,7	Pharmabranche
Stefan Quandt	15,7	BMW
Ray Dalio	15,7	Finanzen
Donald Bren	15,2	Immobilien
Serge Dassault	14,8	Flugzeuge
Hinduja Brothers	14,5	Mischkonzern
Aliko Dangot	14,3	Mischkonzern
Dieter Schwarz	14,2	Lidl
James Simons	14	Finanzen
Cheng Yu-tung	13,9	Mischkonzern
Charles Ergen	13,9	Satellitenbetreibe

Sind das tatsächlich die vermögendsten Menschen auf dieser Erde? Wohl kaum. Dem wachen Leser dürfte aufgefallen sein, dass hier große Namen fehlen, Namen die in der jüngeren Geschichte geradezu symbolisch für sagenhaften Reichtum standen: Rockefeller, Rothschild, Warburg, Schiff, Kuhn Loeb, Carnegie oder Vanderbilt um nur einige zu nennen – ganz zu schweigen vom Hochadel wie etwa den Windsors (ursprünglich Sachsen Coburg Gotha).

Warum diese Namen nicht bei Forbes auftauchen könnte damit zusammenhängen, das einigen dieser wirklich Superreichen das Forbes Magazine gehört… Traditionell bleibt und wirkt man lieber im Verborgenen. Es ist zudem schwer bis unmöglich Grund und Boden, Stiftungsvermögen und Konzern- und Finanzbeteiligungen dieser Leute transparent zu machen und zu bewerten. In welcher Größenordnung dieses Vermögen liegen könnte zeigen Schätzungen die u.a. auf

Quellen wie celebritynetworth.com beruhen und sich etwa für die Mitglieder des Rothschild Clans auf 350 Milliarden bis über eine Billionen US Dollar belaufen (s. Focus Online).

Die tatsächlichen Verhältnisse dürften also wesentlich extremer sein als es Oxfam nun meldet. Wer diese Ungleichverteilung kritisieren will und den tatsächlichen Ursachen auf den Grund gehen will, der muss auch "Ross und Reiter" nennen. Das, was Oxfam öffentlichkeitswirksam tut ist ein Bluff der wieder einmal den Blick abwendet von den tatsächlichen Problemen unserer Gesellschafts- und Wirtschaftsordnung: der Konzentration und Ausbildung von ökonomischer, militärischer und medialer Macht und den entsprechenden Organisationsstrukturen in den Händen weniger Menschen ohne eine funktionierende Kontrolle.

Wirtschaft

Vollgeld im Zwielicht

Wer sich mit dem Thema Geldsystem beschäftigt, der stolpert früher oder später über die Idee des Vollgeldes. Kurz gesagt geht es darum, dass in diesem Konzept Banken Zentralbankgeld bar in Höhe der Sichteinlagen ihrer Kunden vorhalten müssen. Heute sind das nur etwas 2%. Deshalb wird ja auch der Bankrun so gefürchtet. Wenn alle gleichzeitig abheben wollen, dann ist eben nichts da.

Das Argument der Vollgeldbefürworter ist, dass so den Banken die Möglichkeit zur eigenen Geldschöpfung genommen wird und damit ein wesentlicher Krisenfaktor ausgeschaltet wäre. Wer diese Zusammenhänge näher verstehen will, der kann sich zu den Stichworten Überschussreserve oder Mindestreserve und zur Bedeutung des elektronischen Zahlungsverkehrs informieren.

Bemerkenswert ist die Tatsache, dass der IWF sich mit dem Thema Vollgeld beschäftigt und ein Papier in Auftrag gegeben hat, dass die Vorteile eines solchen Systems für eine funktionierende Wirtschaft belegen soll (Vollgeldsystem_Analyse-IMF). Wer bei IWF noch nicht zusammenzuckt, der sollte wenigstens verstehen, dass ein Vollgeldsystem eine Machtverschiebung in Richtung der Zentralbanken bedeutet und dass wie bei der amerikanischen Fed Zentralbanken auch in Privateigentum sein können.

Interessant ist die Schlussfolgerung des IWF-Papiers: durch ein Vollgeldsystem könnten Zentralbanken schuldfreies Geld schöpfen. Das hat nun wieder nichts mit Vollgeld zu tun und es bleibt die Frage, was denn nun die wertmäßige Deckung eines solchen Geldes ist.

Das Geld in einer Eigentumsökonomie ist Schuldgeld, besichert mit dem belasteten Eigentum des Gläubigers und dem Pfand des Schuldners. Es ist nicht auszuschließen, dass es auch anders geht aber ein wenig hört es sich schon nach Voodoo-Ökonomie an.

Time for Bail-In?

April 2015

Einer Meldung der Deutschen Wirtschaftsnachrichten nach beabsichtigt Australien noch in diesem Jahr die gesetzlichen Grundlagen für eine Steuer auf Spareinlagen zu schaffen. Wo seit Lehmann 2008 noch die Staaten einsprangen, um die Zahlungsunfähigkeit von Banken zu verhindern (Bail-Out) werden mit dem Bail-In nun doch die Bankgläubiger ("die Sparer") rasiert. Den Testlauf für diese Operation durften wir bereits im Jahr 2013 in Zypern erleben. Hauptsache die Eigentümer sind raus aus der Haftung. Die Sichtguthaben auf den Kundenkonten sind bankbilanztechnisch Fremdkapital, das heißt es sind Gläubigerforderungen der Kunden an ihre Bank.

Die Überschuldung vieler Volkswirtschaften (d.h. Staat, Unternehmen und Privathaushalte in Summe) der sogenannten westlichen Welt lässt sich nicht durch weitere Verschuldung mit der "Notenpresse" lösen – es sei denn man hält den damit einhergehenden Kaufkraftverlust der Währungen für eine solche Lösung. In unseren Schuldgeldsystemen können Schulden immer nur gegen Forderungen aufgehoben werden, das heißt wo Schuldner zahlungsunfähig sind müssen Gläubiger abschreiben, was das Schuldnerpfand wertmäßig nicht mehr hergibt. Die Pfänder die heute von den Zentralbanken zur Schaffung neuen Geldes akzeptiert werden haben bereits Schrottniveau.

Der australische Vorstoß kommt nicht aus heiterem Himmel. In dem Arbeitspapier "Back to Mesopotamia?" der Boston Consulting Group vom September 2011 (file87307) werden Empfehlungen zur "Restrukturierung" (ist das Neusprech?) der Schulden in der Eurozone gegeben. Die Berater gehen davon aus, dass eine Staatsschuldenquote von 60% des BIP die Neuverschuldungsfähigkeit der Staaten wiederherstellen würde. Die Verschuldungsfähigkeit der Staaten ist absolut systemrelevant. Wenn die Staaten nicht mehr im Namen ihrer Bürger Schulden machen können, dann bricht das ganze Kartenhaus Schuldgeldsystem zusammen – wie immer in der Geschichte. Empfehlung der Berater zur Entschärfung dieser Zeitbombe: die "One-time wealth tax".

Wer auch immer diese BCG-Studie in Auftrag gegeben hat: Wer eins und eins zusammenzählen kann, der erkennt, dass der einfachste Weg zur Eintreibung dieser Tax eine Abbuchung von Sichtguthaben ist. Das geht technisch über Nacht. Bis morgen!

Flassbeck vs. Sinn: Wer hat Recht in der Eurokrise?

April 2015

Ungeachtet der historischen Erfahrung, dass Schuldgeldsysteme dazu neigen ein Verfallsdatum zu haben, dreht sich der öffentliche Streit der Ökonomen um Konstruktionsfehler anderer Art. Für das Ringen um kurzfristige Therapien mag dieser Streit trotzdem sinnvoll sein.

Im konkreten Fall der sogenannten Eurokrise gibt es zwei erwähnenswerte Positionen, die auf den ersten Blick gegensätzlich erscheinen, bei genauerer Betrachtung aber sich theoretisch ergänzende Lösungsansätze beschreiben. Das ist zum einen die Sichtweise von Hans-Werner Sinn, der die Ursachen der aktuellen Krise in der mangelnden Wettbewerbsfähigkeit der Defizitländer und der Mechanik des EZB-Systems, insbesondere der sogenannten TARGET-Salden sieht. Zum anderen ist es die Position von Heiner Flassbeck, der das sich abzeichnende Scheitern der Einheitswährung mit der Vertragsuntreue der Mitgliedsländer, eine gemeinsame Inflationsrate zu halten, begründet. Werfen wir also einen genaueren Blick auf diese Positionen:

Für Sinn liegt der Anfang der Krise in der Zinskonvergenz von Staatsanleihen kurz nach der Ankündigung der Festlegung der Wechselkurse der Währungen der Mitgliedsländer 1998. Die Zinsen konvergierten für traditionell inflationäre Währungen wie die Lire oder die Drachme auf einmalig niedrigem Niveau. Offensichtlich erwartete der Markt, dass die Länder mit den starken, d.h. kaufkraftstabilen Währungen, für die schwachen Länder in einem gemeinsamen Euro im Notfall einstehen würden. Die niedrigen Zinsen befeuerten eine Ausweitung der Staatsverschuldung der Länder mit schwacher Währung, schon bevor der Euro dann im Jahr 2002 offiziell eingeführt wurde. Im Gleichlauf mit der wachsenden Neuverschuldung stiegen Löhne und Außenhandelsdefizite dieser Staaten. Die Defizite bescherten den starken Länder (wie Deutschland) entsprechende Handelsüberschüsse, die aber eben auf Pump und nicht durch Gegenleistung finanziert wurden. Die steigenden Löhne und die schuldenfinanzierten Importe zerstörten in Folge die Wettbewerbsfähigkeit und die wirtschaftliche Grundlage der schwachen Länder. Ein Ausgleich über eine entsprechende Abwertung der Währung ist im Euro nicht mehr möglich.

Über die Konstruktion des EZB-Systems wurden die auflaufenden Auslandsforderungen der Überschussländer anonymisiert, sodass heute z.B. Deutschland keine direkten Forderungen an Italien oder Griechenland hat, sondern nur Forderungen an das EZB-System in Summe. Dies drückt sich in den sogenannten TARGET-Salden aus, und wenn der Euro zerbricht, dann sind diese Forderungen gegenstandslos. Nach aktuellem Stand sind das 226 Milliarden Euro (Quelle: ifo Institut).

Fazit Sinn: Die Defizitländer sind in die Verschuldungsfalle gegangen und haben über schuldenfinanzierte Lohnerhöhungen über die eigene Produktivität hinaus ihre Wettbewerbsfähigkeit und ihre eigene wirtschaftliche Grundlage verloren. Die notwendigen Lohnanpassungen im Eurosystem sind unzumutbar und würden die Kaufkraft derart schwächen, dass auch die verbliebene Binnenwirtschaft kollabierte und diese Länder vollends in die Armut stürzen würden. Einzige Chance zum Neuanfang: Rückkehr zur eigenen Währung.

Im Zusammenhang mit Sinns Position wird oft behauptet, dass der Konstruktionsfehler des Euro darin lag, Länder mit sehr unterschiedlicher Produktivität unter ein Währungsdach zusammen zu bringen, weil so der Ausgleich über die Wechselkursbildung am Devisenmarkt abgeschafft wurde. Das ist ökonomisch erstmal plausibel, aber wenn wir uns die Argumentation von Heiner Flassbeck anhören, dann ist es nur ein Teil der Erklärung. Flassbeck erinnert daran, dass neben den geläufigen Konvergenzkriterien für den Euro (z.B. ähnliche Produktivität) die wesentliche Größe für das Funktionieren der Einheitswährung eine einheitliche Inflationsrate war und ist. Ein wesentlicher Faktor für die Inflation sind die Einkommen in einer Volkswirtschaft im Verhältnis zu ihrer Produktivität. Steigen die Einkommen entsprechend der Produktivität, dann ist die Inflation null. Weil im Zweifel eine leichte Inflation einer Deflation aus ökonomischer Sicht bevorzugt wird, war eines der Bedingungen der Währungsunion die Einhaltung einer geringen Inflation von 2% pro Jahr.

Wie sehen die Zahlen seit Einführung des Euro hier aus? Erstaunlicherweise ist in dieser Hinsicht Frankreich der Musterschüler im Euro. Frankreichs Inflationsrate ist seit Euroeinführung ziemlich genau bei 2%. Weniger überraschend die Tatsache, dass die Defizitländer Südeuropas über dieser Ziellinie liegen. Die größte Überraschung aber ist Deutschland. Die Lohnzurückhaltung der vergangenen Jahre in Deutschland hat die offizielle Inflation im Lande deutlich unter die vereinbarte 2%-Linie gedrückt und so (vertragswidrig) die Wettbewerbsfähigkeit mit Hilfe der niedrigen Lohnkosten gesteigert (und nicht nur über die viel zitierte Qualität der Produkte). Für ein Funktionieren des Euro hätten also sowohl die Defizitländer über Lohnzurückhaltung als auch die

Überschussländer über Lohnsteigerungen ihren Beitrag leisten müssen. Für eine Konvergenz ist jetzt wohl zu spät ist. Weder ist es zumutbar, dass die Griechen ihre Löhne um 30 bis 40% senken, noch ist zu erwarten, dass in Deutschland die Löhne um 20% steigen und dass die deutsche Exportwirtschaft (hier sollte man auch mal untersuchen, wer die Eigentümer dieser Unternehmen sind) so einen Teil ihrer Exportstärke gegenüber den anderen Euroländern aufgeben wird.

So lässt sich abschließend feststellen, dass sowohl Sinn als auch Flassbeck in ihrer Analyse richtig liegen und sich nicht widersprechen. Die Volkswirtschaftslehre geht aber von einer Voraussetzung aus, die so nicht gegeben ist: nämlich dass die wirtschaftlichen Akteure und vor allem die Großeigentümer des Produktivkapitals sich über nationale d.h. volkswirtschaftliche Kategorien definieren. Ihr Selbstverständnis ist eher das einer internationalen oder globalen Elite, die über den Nationalstaaten steht. Das wusste übrigens schon der alte Marx.

Das große Bankgeheimnis

April 2015

Dürfen Banken die Daten ihrer Kunden weitergeben? Abgesehen davon, dass sie das wahrscheinlich sowieso längst tun besteht das große Bankgeheimnis wohl eher in der verbreiteten Unkenntnis über das Bankwesen an sich.

Was ist Geld und wie entsteht es? Was machen Banken, wenn sie Kredite vergeben und was ist mit einer Banklizenz möglich? Welche Verantwortung tragen Staaten, Noten- und Geschäftsbanken für das Funktionieren einer Währung?

Wer Antworten auf diese Fragen sucht und sich für die Mechanik unserer Schuldgeldsysteme interessiert, der kann in dem Aufsatz "Das große Bankgeheimnis" (ISBN-13: 9783751960656) sowohl etwas über Geldtheorie erfahren als auch mit vereinfachten Fallbeispielen die Zusammenhänge nachvollziehen.

Der Shareholder-Value-Denkfehler

Mai 2015

Der 1986 von Alfred Rappaport entwickelte und publizierte "Shareholder-Value-Ansatz" ist im Grunde genommen nur eine Methode zur Ermittlung des Eigenkapitalwerts eines Unternehmens, unter Berücksichtigung zukünftig erwarteter Erträge. Was sich daraus entwickelte ist eine Management-Doktrin, die CEOs nicht zuletzt auch rechtlich dazu verpflichtet der Mehrung des Eigenkapitalwerts alles andere unter zu ordnen.

Wer die Steigerung des Eigenkapitalwerts zum obersten Ziel unternehmerischer Tätigkeit erhebt, der lässt wenig Raum für Unternehmensstrategien. Er treibt Management und Belegschaft mit der Entwicklung von Aktienkursen vor sich her, die zunehmend durch wertschöpfungsfremde Faktoren (etwa die gigantischen Geldvermögen, die nach Anlagen suchen) im Nanosekundentakt gebildet werden.

Dass "Shareholder-Value" keine Unternehmensstrategie sein kann, das sagt mittlerweile selbst der berühmte Jack Welch, langjähriger CEO von General Electric: "On the face of it, shareholder value is the dumbest idea in the world. Shareholder value is a result, not a strategy… Your main constituencies are your employees, your customers and your products." Welch bekennt sich hier zu einer Denkweise, die es schwer hat gegen den an Hochschulen und in börsennotierten Großkonzernen etablierten und rechtlich untermauerten Mainstream.

Dabei ist der Denkfehler der "Shareholder-Value"-Fraktion offensichtlich und seit Jahrzehnten in der Managementliteratur beschrieben. So etwa von dem Bestsellerautor, Unternehmensberater und Professor für

Unternehmensführung, Fredmund Malik. Neben seinen Lehren über wirksames Management und seinen netzwerktheoretischen Methoden zur Strategieentwicklung (Syntegration) schreibt Malik Unternehmensführern seit Jahren auch immer eines ins Stammbuch: der Kunde muss im Zentrum unternehmerischer Tätigkeit stehen!

Jede Wertschöpfung eines Unternehmens ist immer eine Wertschöpfung für den Kunden und immer bewertet durch den Kunden. Kauft der Kunde die Produkte eines Unternehmens nicht mehr, dann gibt es auch keine Gehälter, keine langfristigen Mittel für Investitionen und dann ist das Kapital eines Unternehmens (ob nun Eigen- oder Fremdkapital) auch wertlos – schließlich lässt sich damit nichts Wertvolles produzieren. Damit sollte es auch im Interesse der Eigentümer sein, den Kundennutzen über alle anderen Interessen zu stellen, auch über die eigenen Gewinninteressen. So einfach ist das.

Das Grexit-Theater nervt!

Juni 2015

Der griechische Staat ist seit Mai 2010 pleite. Vor nun schon mehr als fünf Jahren war das griechische Finanzministerium nicht mehr in der Lage sich am Markt zu refinanzieren. Das heißt konkret, dass der griechische Staat nicht mehr in der Lage war sich im Namen seiner Bürger durch den Verkauf neuer Schuldscheine die liquiden Mittel zu besorgen die es brauchte, um fällige Altschulden zu bezahlen.

Seit damals wird der Konkurs verschleppt und spätestens seit damals hängt Griechenland am Tropf der EZB, dem IWF und diverser Rettungsschirme und muss sich dem Diktat der neuen Kreditgeber beugen. Im Kern bedeutete das die Sozialisierung d.h. Umlage der fälligen Abschreibungen auf den Steuerzahler im Euroraum und einen Ausverkauf von griechischem Staatsvermögen an vornehmlich ausländische Investoren. Die Altschuldner, darunter Banken und institutionelle Anleger, wie etwa Versicherungen, wurden in diesem Prozess vor den Konsequenzen ihres riskanten Investments geschont. Natürlich fallen darunter auch die Forderungen von Bankkunden oder Lebensversicherungssparern.

Warum jetzt also das ganze Theater? Mittlerweile dürften sich die neuen Kreditgeber, vor allem der IWF, die Eigentumsrechte an den interessantesten griechischen Vermögenswerten gesichert haben und damit die Abhängigkeit von den westlichen Mächten zementiert haben: Schürfrechte, Infrastruktur, Grund und Boden, geostrategische Kontrolle. In Neusprech sind das Investitionen in das Wachstum und den Wohlstand Griechenlands und ist es eine feste Einbindung in die europäische Völkergemeinschaft – die griechische Bevölkerung freilich dürfte wenig davon spüren, denn die Gewinne dürften ausländischen Konzernen und deren Eigentümern zufließen. Würden die Griechen nun von ihrem völkerrechtlichen Selbstbestimmungsrecht Gebrauch machen, die Staatspleite erklären und mit einer eigenen Währung neu anfangen, die für ihre eigene Wirtschaft relevanten Vermögensgegenstände würden sie trotzdem nicht wieder sehen. Das griechische Drama ist somit aufgeführt. Noch ist das Publikum von Jauch und Co. in heller Aufregung darüber, wie es nun ausgehen wird: Austritt aus dem Euro oder doch nicht? Nur darum geht es jetzt nicht mehr.

Die ökonomische Relevanz der griechischen Wirtschaft für den Euro, die in den Mittelpunkt der Diskussion gestellt wird, ist winzig. Ein Austritt aus der Gemeinschaftswährung ist für die Wertstabilität des Euro in dieser Beziehung verkraftbar. Was das westliche Bündnis, die NATO mit anderen Worten, niemals dulden wird, das ist die Aufgabe der Kontrolle Griechenlands zu Gunsten von anderen Mächten wie etwa China oder Russland. Wären die Griechen tollkühn, dann erklärten sie nicht nur die Staatspleite, sondern enteigneten gleichzeitig sämtliche ausländische Investoren, die in den vergangenen fünf Jahren das Staatsvermögen erobert haben und sie suchten neue Bündnispartner etwa in Moskau oder Peking. Es wäre Tollkühnheit, denn die Folge eines solchen Handels wäre mit großer Sicherheit ein von außen induzierter Regime-Change – wie schon oft in der jüngeren Geschichte.

Gibt die Bank für Internationalen Zahlungsausgleich (BIZ) jetzt den Startschuss zum "Reset"?

Juli 2015

Der am 28.06.2015 veröffentlichte Jahresbericht der BIZ hat es in sich. Die Verfasser kommen zu dem Schluss, dass die nunmehr seit 2008 global laufende Politik des "billigen" Geldes im Hinblick auf ihre wachstumsinduzierende Wirkung gescheitert ist. Nicht die Zentralbanken, sondern die Regierungen müssten nun handeln, so die BIZ – und zwar in Form struktureller Maßnahmen auf übernationaler Ebene.

Was eine Umkehr in der Zinspolitik und ein Rückzug der Notenbanken aus der Staatsfinanzierung bedeuten, scheint den BIZ-Verantwortlichen nur zu bewusst. So liest sich das, was BIZ-Chefökonom Shin gegenüber der Presse äußerte schon beinahe wie eine Warnung vor einem kurz bevorstehenden "Reset" der weltweiten Schuldgeldsysteme und ihrer Aggregate wie etwa Pensionsfonds oder Lebensversicherungen; die ja in vielen Fällen schon rein rechtlich das Geld ihrer Anleger in immer schwächer rentierende Staatsanleihen investieren müssen und damit selbst bald in Zahlungsschwierigkeiten kommen könnten.

So sagte Shin gegenüber Reuters: „Aktuell sieht alles zwar sehr gut aus, aber es baut sich möglicherweise ein schmerzhafter und sehr zerstörerischer Umschwung auf […] Wir betreten hier bis dato völlig unbekanntes Terrain."

Was im Kleinen in Griechenland geschah, fand weniger Öffentlichkeits-wirksam fast durch die Bank weg statt: eine Umschuldung von privaten Gläubigern auf Staaten und damit steuerpflichtige Bürger. Das ifo-Institut schätzt im Falle Griechenland, dass von den neu gewährten Krediten der "öffentlichen" Geber (EZB-System) für das Land nur etwa ein Drittel tatsächlich in der Binnenwirtschaft landet. Die übrigen zwei Drittel gingen demnach jeweils zur Hälfte in die Rückzahlung auslaufender Kredite und in die Kapitalflucht (d.h. sie werden ins Ausland transferiert und dort z.B. für den Erwerb von Immobilien ausgegeben).

Nun wird deutlich, woher der Wind weht. Über eine koordinierte globale Wende in der Geldpolitik – und diese Koordinationsrolle kommt der BIZ als "Zentralbank der Zentralbanken" ja zu – könnten im nu auch Länder, die bisher das Prädikat "tragfähig" im Hinblick auf ihre Verschuldung hatten, in Schieflage geraten. Dazu zählen auch die Vereinigten Staaten und die BRD. Wie im Falle Griechenlands könnte das bedeuten, dass sie sich einem Spardiktat der Zentralbanken und den von ihnen als angemessen erachteten "Strukturanpassungen" zu unterwerfen hätten.

Es ist schon beunruhigend zu sehen, wie machtlos der so hoch gehaltene Souverän und die von ihm gewählten Regierungen vor dem Hintergrund eines solchen Szenarios erscheinen. Und es stellt sich die Frage: wer kontrolliert eigentlich die Zentralbanken und damit die BIZ? Im Falle der amerikanischen Fed sind es die Privateigentümer, die seit dem Federal Reserve Act im Jahr 1913 als Eigentümer das Geldschöpfungsmonopol für die "Weltleitwährung" haben. Der Dollar bekam diesen privilegierten Status im "Bretton Woods" Abkommen 1944. Laut Wikipedia war die BIZ sowohl an dieser Konstruktion wie auch an der Gründung der europäischen Währungsunion "maßgeblich" (Zitat) beteiligt.

So bleibt als Fazit einmal mehr die oft gestellte aber schwer zu beantwortende Frage: Geld regiert die Welt, doch wer regiert das Geld?

Freihandel und Souveränität

Kaum etwas hat in den vergangenen Monaten eine breitere gesellschaftliche Protest- und Empörungswelle hervorgerufen als die Bemühungen um die Einführung der transatlantischen Handels- und Investitionspartnerschaft (TTIP) zwischen der Europäischen Union und den USA. Die Kritik richtet sich völlig zu Recht auf die intransparente Verhandlungsführung und die im Vertrag enthaltenen Investitionsschutzbetimmungen und ihre möglichen Konsequenzen.

Es besteht die Sorge, dass unter der Überschrift "Handelshemmnisse" etablierte soziale oder ökologische Standards beseitigt werden und durch die Einführung übernationaler Schiedsgerichte (bei Streitfällen zwischen Investoren und Staaten wie etwa die Privatisierung von kommunaler Wasserversorgung) das demokratische Selbstbestimmungsrecht von Völkern ausgehebelt würde.

Wie in jedem Außenhandelsabkommen geht es auch bei TTIP formal um den Abbau von Handelshemmnissen mit dem Versprechen von Wirtschaftswachstum und damit größerem Wohlstand für die beteiligten Handelspartner. Ökonomisch gesehen geht dieses Versprechen zurück auf die Gedankenexperimente von David Ricardo zum Außenhandel und seiner Theorie der komparativen Kostenvorteile, veröffentlicht 1817 in "Principles of Political Economy and Taxation". Es gehört wie Adam Smiths "Wealth of Nations" zu den Standardwerken von dem, was man heute als klassische Theorie der Ökonomie bezeichnet.

Vereinfacht gesagt zeigt Ricardo, dass sich ein

uneingeschränkter Handel zwischen zwei Volkswirtschaften immer wohlstandsmehrend auswirkt, selbst wenn eine Seite bei allen Handelsgütern eine geringere Produktivität hat. Durch Spezialisierung der Produktion dieser Seite auf diejenigen Güter, bei denen man im direkten Vergleich weniger unproduktiv ist und den entsprechenden Handel, wird unterm Strich in beiden Volkswirtschaften mehr produziert ergo (ökonomisches Verständnis) mehr Wohlstand geschaffen (Vgl.: Wikipedia: Ricaro-Modell/Besispiel).

Auf dieses Modell (und ausgewählte Beispiele aus der Geschichte) beziehen sich die Befürworter von Freihandel letztendlich und wer wollte ihnen dabei etwas Böses unterstellen? Da wundert es umso mehr, dass Verhandlungen über Inhalte im Geheimen und unter Aussperrung der Volksvertreter geführt werden, denn schließlich sind sie ja dieser Theorie zur Folge im Interesse der Völker.

Genau an diesem Punkt kann man erkennen, dass die Theorie nicht greift. Die Vorstellung von souveränen Völkern die hier am Verhandlungstisch sitzen steht im Widerspruch zu Realität übernationaler Konzerne (und übernationaler Eigentümer), die wie im Falle TTIP durch ihre jeweiligen Lobbyvertreter die Vertragsinhalte gestalten. Am Ende stehen tausende Seiten in juristischer Fachsprache, die von den Parlamentslaien dann entweder im guten Glauben, durch medialen Druck (Wachstum und Beschäftigung) oder mit der Aussicht auf lukrative Posten in der "Wirtschaft" ab genickt werden.

So ist das Fazit, dass unabhängige und fachkundige Volksvertreter zurück an den Verhandlungstisch müssen, die für die demokratischen Prinzipien (den Souverän d.h. das Volk) einstehen und sich auch nicht unter Zeitdruck setzten lassen. Zugegeben: im Moment hört sich das utopisch an.

Leben

SENSATION: Wahrheit über Galilei bei Wikipedia

April 2015

Galileo Galilei (* 15. Februar 1564 in Pisa; † 29. Dezember 1641jul./ 8. Januar 1642greg. in Arcetri bei Florenz) war ein italienischer Verschwörungstheoretiker, Rechtspopulist und Esoteriker, der mit seiner Kritik am geozentrischen Weltbild bekannt wurde.

Aus heutiger Sicht muss Galilei zu Gute gehalten werden, dass die Rechenkapazitäten seiner Zeit nicht ausreichten, um die Bewegungen der Himmelskörper im von allen anerkannten Experten vertretenen geozentrischen Weltbild zu erklären.

+++ nachträglicher Aprilscherz +++

Das Problem mit der Naturwissenschaft

April 2015

Es gibt Nichts was das Erkenntnisdilemma der Naturwissenschaften besser auf den Punkt bringt als diese wunderbare Parabel des englischen Astrophysikers Arthur Eddington:

Meeresbiologe: "Ich habe heute zwei Naturgesetzte entdeckt! Alle Fische sind größer als fünf Zentimeter und alle Fische haben Kiemen."

Philosoph: "Da habe ich zwei Einwände: Erstens könnten auch mal Lebewesen ohne Kiemen in dein Netz gelangen. Die Tatsache, dass das bisher nicht so war ist kein Beweis. Es ist eher eine Regel, dass Fische am häufigsten vorkommen. Du musst also weiter fischen. Dein erstes Gesetzt aber ist gar kein Gesetz. Die Maschen deines Fischernetzes sind nur fünf Zentimeter groß. Es könnte also noch kleinere Fische geben, die du nicht fangen konntest."

Meeresbiologe (entrüstet): "Entschuldigung, ich bin Naturwissenschaftler. In meiner Wissenschaft ist ein Fisch als etwas definiert, das man mit diesem Netz fangen kann."

Einer der dieses Dilemma aus der Praxis der Quantenphysik kennt ist Hans-Peter Dürr, ein Schüler von Heisenberg und Teller. In seinen Vorträgen (z.B.: https://www.youtube.com/watch?v=rAakoWFZpDA) erklärt er in wunderbarer Art und Weise was uns die Quantenphysik über unsere Welt und das Leben verrät. Wer diese neue Physik versteht, der wird die Welt mit anderen Augen sehen und Staunen.

Was die Welt im Innersten zusammenhält

Mai 2015

Diese Textstelle "Dass ich erkenne, was die Welt Im Innersten zusammenhält, …" in Goethes berühmter Tragödie bringt das letztendliche Ziel im Streben nach Erkenntnis auf den Punkt. Hätte Faust gewusst was die Physiker Anfang des 20. Jahrhunderts entdecken sollten, so hätte er wohl möglich nicht aus Verzweiflung über die Unfähigkeit der Wissenschaften die Welt zu erklären seine Seele an den Teufel verkauft. Dabei hatten die Zeitgenossen Goethes, die Philosophen Kant und Schopenhauer, Vieles von dem vorgedacht, was sich dann rund 100 Jahre später als wahre Natur der Materie herausstellen sollte und was wir erst heute von den Neurowissenschaften über unseren eigenen Organismus erfahren.

Mit seinem erkenntnistheoretischen Hauptwerk "Kritik der reinen Vernunft" richtete sich Kant gegen Empirismus und Rationalismus und deren Ideen über die menschliche Wahrnehmung der Welt. Für Empiristen ist die Quelle der Erkenntnis rein die sinneseindrückliche Erfahrung der Welt, die auf natürliche Weise kausal verursacht ist und im menschlichen Verstand nur reflektiert wird. Kurz gesagt: wir erleben die Welt wie sie ist. Im Rationalismus ist die Vernunft die oberste Instanz der Erkenntnisgewinnung. Die Welt ist das, was unsere Vernunft mit den Sinneseindrücken in uns konstruiert. Diese Konstruktion ist keine Abstraktion der Welt. Für Rationalisten besteht über die Vernunft (heute würde man wohl eher Verstand sagen) durchaus ein unmittelbarer Erkenntniszugang zur Welt.

Die Position von Kant in dieser Sache hat vereinfacht

gesagt zwei Elemente: Erstens ist die Erfahrung über die Sinneseindrücke beschränkt, weil unsere Sinne nur einen kleinen Ausschnitt von dem wahrnehmen, was tatsächlich existiert. Es ist als würden wir die Welt durch ein Fenster betrachten und nur diesen Ausschnitt als Sinneseindruck wahrnehmen. So können z.B. die Rezeptoren der Netzhaut nur ein kleines Frequenzspektrum der elektromagnetischen Wellen in elektrische Signale wandeln, die das Gehirn dann als Licht in verschiedenen Farben interpretiert. Radio oder WLAN können wir nicht sehen.

Zweitens verarbeiten wir unsere Sinneseindrücke immer in zeitlichen, räumlichen und kausalen Zusammenhängen. So entsteht eine Konstruktion von räumlich wie zeitlich definierten Ereignissen denen Ursachen zugeschrieben werden. Dieser Umstand ist für Kant nur eine Eigenschaft unseres Verstandes, gewissermaßen ein Algorithmus zur Datenverarbeitung. Raum, Zeit und Kausalität als solches lassen sich nicht objektiv als Eigenschaften der Welt an sich beobachten. Es sind, mit den Worten von Kant, a priori Kategorien unserer Erkenntnis. So ist das Fazit dieser Position, dass sich die Welt wie sie ist unserer Erkenntnis durch Sinneseindrücke und Verstand entzieht. Was wir erkennen ist nur eine Konstruktion, das Phänomenon mit Kants Worten.

Was bedeutet es, wenn Raum, Zeit und Kausalität nur Hilfsmittel menschlicher Wahrnehmung sind? Diese Frage beschäftigte auch Arthur Schopenhauer und er wagte einen Umkehrschluss, der uns eine Tür zu etwas Erstaunlichem öffnet. Wenn besagte a priori Kategorien nicht etwas Wesentliches der Welt an sich sind, dann könnte es sein, dass die Welt selbst sowohl zeitlich als auch räumlich indifferent ist. Das würde bedeuten, dass alles Eins ist, sowohl gleichzeitig wie auch ewig. Für

Schopenhauer war dies eine mögliche Erklärung für Empathie, Moral oder Gewissen. Diese Ahnung einer Verbundenheit mit allem, diese Fähigkeit zum Mitgefühl und diese innere Instanz, die über die Gefühle signalisiert, was richtig und was falsch ist.

Der philosophischen Sicht der Dinge soll nun zur Seite gestellt werden, was uns die Naturwissenschaften und allem voran die Quantenphysik über die Materie berichten. Dem Stoff also, der dem klassischen Verständnis nach die Welt im Innersten zusammenhalten müsste. Das worauf Planck oder Heisenberg stießen war aber alles andere als der vermutete kleinste, nicht weiter zerlegbare Baustein, Atom genannt. Die Natur der Materie ist dem Wesen nach eine Welle, unvorstellbar vielfältig in seiner förmlichen Ausprägung, ohne lokalisierbaren Anfang und Ende und in ständiger Interaktion mit allem anderen, was man als Materieteilchen so definiert.

Die Pioniere der Quantenphysik formulierten diese Eigenschaften der Materie mit Hilfe mathematischer Wellengleichungen (Schrödingergleichung) und die Experimente bestätigten die Hypothese. Es ist nun dem Leser überlassen Schopenhauer zu spielen und das zu deuten, was die Physik über die Materie und damit auch über uns Menschen sagt. Wer möchte, der darf einen großen Begriff für das verwenden, was hier an unendlicher Verbundenheit und mystischer Schönheit zu Tage tritt: Liebe.

Von der Dressur zur Motivation – Wie Bildung gelingen kann

Mai 2015

Es ist jetzt schon rund 15 Jahre her, als die Republik der "PISA-Schock" traf. Seitdem ist das Thema Schulbildung auf der politischen Agenda. Was die OECD mit ihrer Studie aufdeckte, war schon eine größere Enttäuschung für das "Volk der Dichter und Denker". Ob nun Leseverständnis, mathematische Fähigkeiten oder eigenes Ausdrucksvermögen: deutsche Schüler lagen im internationalen Vergleich, wenn überhaupt, nur im Mittelfeld.

Auch wenn es darüber keine entsprechende Studie der OECD gibt: der Bildungsstand hinsichtlich der genannten Fähigkeiten dürfte in der Masse der Gesamtbevölkerung nicht sehr viel anders sein. Was nicht verwundert, schließlich haben doch die allermeisten Deutschen die gleichen staatlichen Schul- und Ausbildungssysteme durchlaufen. Was also läuft schief mit der Bildung in einer Gesellschaft, die schließlich keine grundsätzlichen Unterschiede etwa bei der Verteilung des IQs im Vergleich zu den PISA-Stars aufweist?

Die Ursache liegt im Bildungssystem an sich. Die verbreiteten Methoden der Bildung von Menschen werden schlichtweg der menschlichen Natur eines lernenden Wesens nicht gerecht, um es höflich auszudrücken. Der Schaden für eine Gesellschaft, die nicht fähig oder Willens ist, die Potentiale in jedem Einzelnen zu entwickeln, ist gewaltig. Dabei ist die mögliche Lösung des Problems längst bekannt und wissenschaftlich evident: Potentiale entfalten sich durch den inneren Antrieb, die Motivation!

Der Neurobiologe Gerald Hüther erklärt das Systemproblem damit, dass Bildung oder auch Leistung immer noch hauptsächlich über Dressur produziert wird und erklärt dies in einer wunderbaren Metapher: Einen Esel kann man durchaus dazu bringen sich fortzubewegen indem man ihm entweder die Karotte vorhält oder mit dem Stock auf sein Hinterteil schlägt. Das Problem ist nur, dass man so immer neben dem Esel stehen muss. Tut man das nicht, macht er wieder was er will. Nun sollen Schüler oder Angestellte nicht mit Eseln gleichgesetzt werden. Der entscheidende Punkt ist aber, dass Karotte und Stock zwei Seiten derselben Medaille sind: Dressur. Die Alternative ist die Motivation.

Es ist etwas, was wohl die meisten schon am eigenen Leib gespürt haben dürften: nichts verleiht größere Flügel als der innere Antrieb, die Motivation. Nicht umsonst heißt das Sprichwort "Der menschliche Wille versetzt Berge". Im Zustand der Motivation (das sind auch und im Besonderen neugierige Kinder) geht im Gehirn die Post ab. Es bilden sich wie aus dem Nichts neue Synapsen und damit tatsächlich neue physische Strukturen im Denkapparat. Was jedem intuitiv klar ist, kann man heute auch noch über bildgebende Verfahren als deutliche Veränderung im Gehirn zeigen. Diese Phänomene lassen sich im Übrigen nicht nur bei Kindern beobachten, sondern zeigen sich auch bei Menschen im hohen Alter.

Wer es also ernst meint mit der Bildung von Menschen und der Entwicklung ihrer Potentiale, der muss nichts weniger tun als ein System schaffen, dass der menschlichen Natur gerecht wird. Zum Schluss ein Zitat eines großen Unternehmers, der auf die Frage, wie er so vorausschauend in der einen oder anderen Situation handeln konnte, antwortete: "You can't connect the dots looking forward." (Steve Jobs, Gründer von Apple). Er wusste, dass das was er tat war, was er tun musste.

Kabarettisten: die Narren der Moderne

Mai 2015

Der Narr liefert in Zentraleuropa schon seit Jahrhunderten eine ganz besondere Art der Unterhaltung. Im Kontext der Lächerlichkeit und deutlich als Außenseiter gekennzeichnet, darf er als einziger den Herrschenden öffentlich die Meinung geigen, ohne Leib und Leben dafür zu riskieren.

In seiner Rolle leistete der Narr auf perfide Art und Weise einen wichtigen Beitrag für die Aufrechterhaltung der ständischen Ordnung. Nach dem Motto "endlich spricht es jemand mal aus" war er Ventil für den Volkszorn gegen die Macht und Unterdrückung der Obrigkeit – gleichzeitig aber transportierte er durch seinen Auftritt eine klare Botschaft: wer solche Positionen öffentlich bezieht, der steht außerhalb der Gesellschaft.

Reste dieses mittelalterlichen Phänomens finden sich heute noch etwa in der karnevalistischen Tradition der Büttenredner, die auf "närrischen Sitzungen" zu einer festgelegten Zeit im Jahr auftreten – unter der Leitung von Damen und Herren, die ihr Haupt mit einer Narrenkappe bekleiden.

Die Narrenrolle in der Moderne haben aber – wahrscheinlich unbewusst – die politischen Kabarettisten eingenommen. Wer etwa die ZDF-Sendung "Die Anstalt" oder Auftritte von Kabarettisten wie Volker Pispers oder Georg Schramm kennt, der kann nicht behaupten, dass hier unbequeme Wahrheiten von den öffentlich-rechtlichen Sendeanstalten verheimlicht würden. Ob NSA-Affäre, die Verflechtungen deutscher Redaktionschefs und Alphajournalisten mit US-Thinktanks, die einseitige Berichterstattung in der gegenwärtigen Ukrainekrise, das Versagen des Bildungssystems oder die Lügen über die Kriegsgründe im Irak oder in Afghanistan: alles wurde und wird im Klartext gesagt.

Und so fragt sich etwa Volker Pispers selbst bei seinen Bühnenauftritten: "Warum lachen sie hier?" Was das Publikum mit weiterem Lachen beantwortet. "Endlich hat es mal jemand gesagt" – mit dieser wohligen Entspanntheit geht's zurück ins Hamsterrad.